新编21世纪高等职业教育精品教材

通识课系列

U0794858

大学生职业素养教育

主　编/邬　琰　王　菊

副主编/李文志　董璐佳

参　编/张　玉　陈武强　王智慧　霍冬芳　李金龙

中国人民大学出版社

·北京·

前言

在全面建成社会主义现代化强国、以中国式现代化全面推进中华民族伟大复兴征程中，职业教育前途广阔，推动现代职业教育高质量发展“大有可为”，也必将“大有作为”。近年来，高职学院办学底气硬了，学生自信心更足了，社会、行业对职业学院及其毕业生的期待也更高了。弘扬工匠精神，培养更多高素质技术技能人才、能工巧匠、大国工匠的育人氛围在高职学院中蔚然成风。云南林业职业技术学院作为云南省的“双高”建设单位，坚守红色初心，勇担绿色使命，聚焦学生发展需求和时代期盼，结合自身办学特点，将培养学生职业素养融入人才培养全过程，力争通过富有成效的实招、硬招帮助学生认识自我、了解社会、了解专业和职业，不断强化学生的职业意识，引导学生树立正确的职业观和职业理想，进而提高学生锤炼职业素养的自觉性和主动性。

本书深入贯彻党的二十大精神，全面融入社会主义核心价值观，落实立德树人的根本任务。教材编写组以关注学生发展潜力，分析学生在校“全生命周期”表现为出发点，总结了学校一线辅导员、职业导师、学工干部、企业入校带教师傅等群体多年的学生素养培养和实践经验，编写了本教材，形成了“自我学习素质能力养成”“信息与数字应用素质能力养成”“与人交流合作素质能力养成”“解决问题素质能力养成”四个专项的内容。希望通过规范成体系的教学设计，将高职学生的职业素养培养作为人才培养的一个重要方面纳入专题教学和模块实践，帮助学校解决开展职业素养培养有困惑、缺措施的痛点，为那些有梦想、敢追求和有梦想、缺方向的学生提供参考和指引。

新时代背景下，职业院校如何学习贯彻党的二十大精神，有效培养大学生的职业素养，是一项全新且待进一步探索的工作。教材编写也是一项不断补充方案、迭代实践的工作。在具体的教材编写中，我们虽力求完善但仍存在诸多不尽如人意之处，希望广大专家、读者和教学工作者提出宝贵的修改意见。

编者

目　录

专项一

自我学习素质能力养成

主题一　明确目标途径

活动一　确定目标，明确计划

刚进大学的林林，对一切都感到特别新鲜，军训后开始上课，他突然发现课表上不是满满的课程安排，也不是每天都有课。同班的同学看到课表，有人欣喜若狂，有人若有所失，更多的人在怀疑，我来大学到底是学什么？专升本目标还能坚持吗？大一的专业课特别少，看似和专升本课程没有关系，所以，那么多的时间，该如何消磨呢？

那么，如何度过大学时的迷茫期？其实迷茫就是想得太多，做得太少，导致你不知道做什么，不知道自己擅长什么，不知道……

你是否也曾遇到过类似的情况？假如遇到类似的情况，你该怎么办呢？

案例中，林林现在面临的问题就是一个“自学”的问题。自学，不同于有教师指导的学习，离开了教师的指导，怎样才能获得满意的自学效果呢？这就是“林林们”所遇到的问题。要想获得满意的自学效果，你首先应当制订一个可行的自学计划，而在制订计划时，必须明确以下问题：

- 我的学习目标是什么？
- 我要学习哪些内容？
- 我如何分配学习时间？
- 我应当采取哪些学习方法和措施？

目标：明确自学的目标与计划

通过本活动的学习和训练，你将能够：

1. 根据实际需要确定自学目标。
2. 根据自学目标制订自学计划。

任务：掌握制定目标与计划的原则方法

美国哲学家爱默生说：一心向着自己的目标前进的人，整个世界都会给他让路。有了目标，我们就知道要往哪里去，去追求些什么。如果我们专注于一个目标，坚持下去，就会取得成功。

有了明确的学习目标，还应有可行的学习计划。没有目标，所谓的计划就没有明确的方向，你就像无头的苍蝇四处乱撞；没有计划，目标只是一句口号，没有任何意义。自学尤其如此，要制定目标与计划，有两点必须注意：一是了解确定目标的原则，二是掌握制订计划的方法。

准备：如何明确自学的目标与计划

一、掌握确定自学目标的原则

管理学家彼得·德鲁克在其著作《管理的实践》中提出了目标制定的“SMART”原则，如图 1-1 所示。

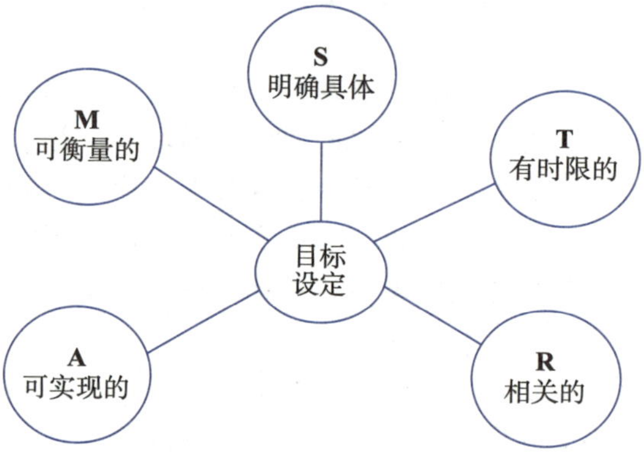

图 1-1 “SMART”原则

（一）明确具体（Specific）

目标要由大到小逐步具体。具体和不具体的区别在于目标是否能用具体的语言清楚描述出来，是否明确。

无效目标：我要多背英语单词；我要减肥。

有效目标：我每天背 20 个单词。我要在 1 个月以内减肥 2 千克。

（二）可衡量的（Measurable）

可衡量就是要有明确、能被量化的数据指标。要将学习任务具体化，最好可以清晰地度量，可以用时间长短、具体数值来划分。

无效目标：今天要背单词；今天要做试卷；今天要看书。

有效目标：今天花半个小时背诵 20 个单词；今天要做 1 套英语试卷；今天要看 2 个单元的语文复习资料。

（三）可实现的（Attainable）

制定目标时要确保目标是可实现的，不要把目标定得太高太难。如一天只能背 30 个单词，但却要求自己背 100 个，每天很吃力甚至不能完成计划，当自己完不成目标时会有很大的落差感，对自己的信心也会造成打击。但是，目标可实现不代表没有挑战性，定目标时坚持“跳一跳能够着”的原则，通过自己的努力能够实现目标，这样不仅能给自己带来愉悦感，也能不断增强我们的自信心，同时在实现目标的过程中，能力也得到了提升。

（四）相关的（Relevant）

设定的目标必须和自己的身份以及理想相关联，如果你已经工作了，你的目标必须和工作岗位、工作职责相关联。而学生的主要任务是学习，如果你的目标是每个月通过兼职挣1 000元，那这个目标就偏离了主要方向。

（五）有时限的（Time-bound）

计划要有一定的时间限制，有了时间限制，才能让目标更可控。目标、规划、阶段、事项等都要有明确的时间节点，这样才能督促我们按照定好的时间节点推进工作，避免拖延症，提升效率。

二、明确自学计划

建造高楼大厦要有蓝图，学习计划便是实现学习目标的蓝图。学习计划如此重要，那么，怎样才能制订出一份好的自学计划呢？

（一）制订自学计划的基本内容

1. 制订自学计划的五要素

一般情况下，一份完整有效的自学计划通常包括学习目标、时间安排、具体实施办法和措施等内容。在制订学习计划时，要充分考虑如下要素：

（1）Why：为什么学习，也就是自己学习的目的和意义。找到主动学习的动力，如兴趣、好胜心、强烈的求知欲、喜欢挑战……这些内在的驱动力可以让你持之以恒地坚持下去，特别是在遇到困难想要放弃的时候，试着去发现支撑自己学习的内在动力，并保持和强化它。

（2）What：学什么、达到什么目的，即学习的对象及目标。这是学习计划的实质性部分。如果学习的对象是一篇文章，目标是会背诵和默写，那么可以安排在记忆力比较好的早晨或者晚上睡觉前进行背诵，化整为零，以段为单位背诵。

（3）Who：我是谁，即自己的实际情况，如基础水平、学习能力、个性特点、学习风格、优势和劣势等。比如，你对自己的自控力没有自信，就可以尝试在固定的地方和时间读书，学习需要仪式感。采取物理隔离的方式，把可能诱惑自己分心的东西放在自己眼睛看不到、手够不着的地方，避免受到干扰。

（4）Whom：向谁请求学习帮助，与谁一起学习。一个好的老师、一个学习能力强的伙伴，对学习都有着极大的促进作用。此外，环境的约束力也可以让我们提高学习的效率，比如可以在图书馆学习。

（5）How：具体的学习方法和措施。这是确保学习计划得以落实的必要条件。有的学习任务需要整块时间去完成，那可以安排在晚自习进行，如整理归纳、做整份练习试卷等；有的任务则可以利用零碎的时间去处理，如记忆单词、积累素材等。

2. 制订自学计划的基本步骤

第一步，认识自我，认清自己的优势和劣势，明确自己的强项和弱项。包括你的学习特点、学习风格等，找到需要加强、提高的地方。

第二步，确定目标，由易到难。在制订学习计划时，可以把一个大目标分解为一个个阶段性的小目标，比如分为学年目标、学期目标、近期目标、本周目标等，越具体、明确，效果就越好。

第三步，制定相应的学习策略，包括时间安排（如总共花多少时间），效率预期（如每小时阅读多少页），结果预期（如背诵下来），资源管理（如辅助手段和工具的选择，可以寻求的帮助和指导）等。

（二）制订自学计划的基本要求

1. 结合实际，确定目标

制订计划，不要脱离学习实际，要符合自己现在的学习压力和水平。目标不能定得太高或过低，要依据以下三方面的实际情况来确定目标。

（1）知识、能力的实际：每个阶段，计划学习多少知识？培养哪些能力？

（2）时间的实际：常规学习时间和自由支配时间分别有多少？

（3）教学进度的实际：掌握老师教学进度，妥善安排常规学习时间和自由支配时间，以免自己的计划受到“冲击”。

2. 突出重点，不要平均使用力量

所谓重点，如自己学习中的弱科或成绩不理想的课程或某些薄弱点，知识体系中的重点内容，自己特别擅长或感兴趣的内容，等等。制订计划时，一定要集中时间，集中精力保证重点。

3. 长计划与短安排相结合

要在时间上确定学习的远期目标、中期目标和近期目标。在内容上确定各门功课和各项学习活动的具体目标。

长计划是指明确学习目标，确定学习的内容、专题，规划投入的时间；短安排是指具体的行动计划，即具体安排和行动落实，比如下一个星期的学习计划，就应尽量具体。把较大的任务分配到每周、每天去完成，使长计划中的任务逐步得到解决。

4. 科学安排时间

自学计划时间的安排要坚持如下五个原则：

第一，按计划项的重要程度分配时间。重要的计划项多分配些时间，反之则相对少分配些时间。

第二，计划可支配的时间，忽略不可支配的时间。

第三，连续累计满 30 分钟的时间，最好把它纳入计划之中。

第四，不要忽视零碎的短小时间，可将某些学习内容安排在这些零碎时间中解决，如背单词、思考问题等。

第五，留有余地。不要把所有的时间都安排满，应有适当的机动时间，用来处理意想不到的某些事务，保证计划的实施。

5. 注重行动，持之以恒

计划定下来以后一定要坚持，执行计划的过程也是训练自己遵守规则、养成良好习惯的过程。有的计划是需要长期坚持的，比如每天抽出一定的时间背单词，这种训练短期内可能看不到十分明显的效果，但是坚持半年到一年，词汇量就会有明显的提高。

6. 注重效果，定期检查，及时调整

每一个计划执行结束或执行到一个阶段，就应当回顾一下效果如何。如果效果不好，就应该找找原因，进行必要的调整。以下是一份简单的回顾要点：

（1）是否完成了计划中的学习任务？

（2）是不是按照计划去执行任务的？

（3）学习效果如何？

（4）如果有任务没有完成，是什么原因？是因为任务太多，精力不够，还是自己偷懒？回顾之后，要记得补上缺漏，重新修订计划。你也可以通过日记来记录一天的学习计划进度，便于改进和回顾。

行动：我如何明确自学的目标、计划

小明大专毕业后在一家公司当文秘。公司对12名新来的员工进行上岗培训，培训结束后一个月进行考试。不甘落后的小明为了切实掌握培训内容，提高业务能力，打算利用业余时间自学相关知识。于是，他决定制订一个业余自学计划。那么小明应该怎么做呢？

想一想：

1. 小明的自学目标是什么？
2. 小明确定自学目标的依据是什么？
3. 小明如何制订自己的自学计划？

提示：

一、分析优劣

（一）学习上的优势

（二）学习上的劣势

二、明确目标

（一）考试预期名次

（二）应学到的知识

（三）应掌握的技能

三、确定任务

（一）学习内容一

（二）学习内容二

（三）学习内容三

四、安排时间

（一）早晨

（二）晚上

五、规定措施

（一）措施一

（二）措施二

（三）措施三

评估：你是否掌握了明确学习目标、计划的要点

我们已经学完了本活动内容，现在请你通过下面的练习检查自己是否掌握了明确学习

目标、计划的要点。

请根据自己的实际情况，制订一学期的课外自学计划，请你考虑如下问题：

1. 你的自学目标是什么？希望达到什么样的自学效果？
2. 为了实现学习目标，你要学习哪些具体内容？
3. 怎样合理利用你的课余时间？
4. 你打算采取哪些措施、方法来完成自学任务，实现自学目标？

活动二 运筹时间，获取支持

大学，是一场没有彩排的舞台剧，散场时每个演员都有遗憾，或痛惜浪费的时间，或不舍与最爱别离……表 1－1 列出了网络上总结的大学阶段最遗憾的 16 件事情，希望刚步入大学的同学们，把握自己人生的精彩，不要留有遗憾。大学不只是一个地点，它更是一段时间。对于每个人来说，时间都是一样的，机会是均等的。

表 1－1　大学阶段最遗憾的 16 件事情

序号	遗憾之事	遗憾指数
1	没有把握好那些可以让自己变得更好的时间	★★★★★
2	没有早点开始做职业规划	★★★★★
3	没有练就一项让自己立足于社会的本领	★★★★★
4	没有深入了解自己的专业	★★★★
5	没有主动参加任何一个社团组织	★★★★
6	没有常回家看看父母	★★★★
7	不喜欢自己的专业，也没有勇气转系	★★★
8	没有不为学分、单纯为兴趣旁听过任何一门课程	★★★
9	没有谈一场恋爱	★★★
10	没有毕业旅行	★★★
11	没有坚持运动	★★★
12	没有听过图书馆的闭馆音乐	★★
13	没有一次青春的疯狂	★★
14	没有和室友推心置腹地谈过	★★
15	没有利用学生证半价去看展览、看风景	★★
16	没有走遍校园的每一个角落	★★

时间是人的第一资源，谁善于运筹时间进行学习，谁就找到了通向成功的阶梯。时间管理就是在限定的时间内，做好更多重要的事。

目标：掌握学习时间管理的关键

通过本活动的学习和训练，你将能够：

1. 根据学习任务的重要性和紧迫性，按先后顺序列出任务清单。
2. 根据学习任务清单作出合理的学习时间安排。

任务：做时间的主人

步入大学校园之后，林林有了新的困惑，除了日常的学习活动和专业实践之外，学校还有各种各样的讲座、技能比赛、文娱活动、社团活动等。这些活动对于林林来说，的确是令人眼花缭乱，对于如何安排课余时间，林林不知所措。每天的自由可支配时间明显增多。如果花很多时间去参加社团活动，他担心会不会影响专升本备考计划；如果不去参加活动，大学生活又显得过于单一。林林陷入了两难困境。正所谓“一寸光阴一寸金，寸金难买寸光阴”，时间管理，到了大学就显得尤为重要。如何让自己的大学生活更加丰富多彩，成了林林当下需要思考的问题。

请你盘点一下自己的时间管理状况，是否同林林一样面临着时间管理的困惑？你能有效管理时间，并对自己的时间安排做出及时的检查、调整吗？你能做好时间的主人吗？

准备：运筹时间小妙招

一、确定任务要有优先级

第一步：先列出任务清单。把自己要做的每一件事情写下来，列成一个清单，必须清楚地知道自己要做的事情。

第二步：确定任务的次序。事情要分轻重缓急，可根据时间管理四象限法则（见图 1 - 2）来划分要做的事情，做出优先级排序。将重要的事情标记出来，把每天的黄金时间（如晚自习、周末自习等大段不会被干扰的时间）用在这些重要的事情上，而不重要的事情可以规划在碎片时间（如课间、回宿舍的路上、排队时等）中完成。

二、利用好碎片时间

巧用时间的边角料，积累点滴时间来学习知识，这是运筹时间的聚合原则。无论你想用碎片时间学什么，都要制定一个明确的目标，所有的碎片时间都要围绕着这个目标行动。将任务进行拆分，利用每一个碎片时间去完成它。最后化零为整，将知识碎片整合完整。

三、改变拖延的习惯

在某种程度上，时间管理就是为了提高单位时间内的效率，做更多的事情。例如，有很多同学跟老师反映，自己很想学习、很想看书，但却在应该学习的时候走神，书本

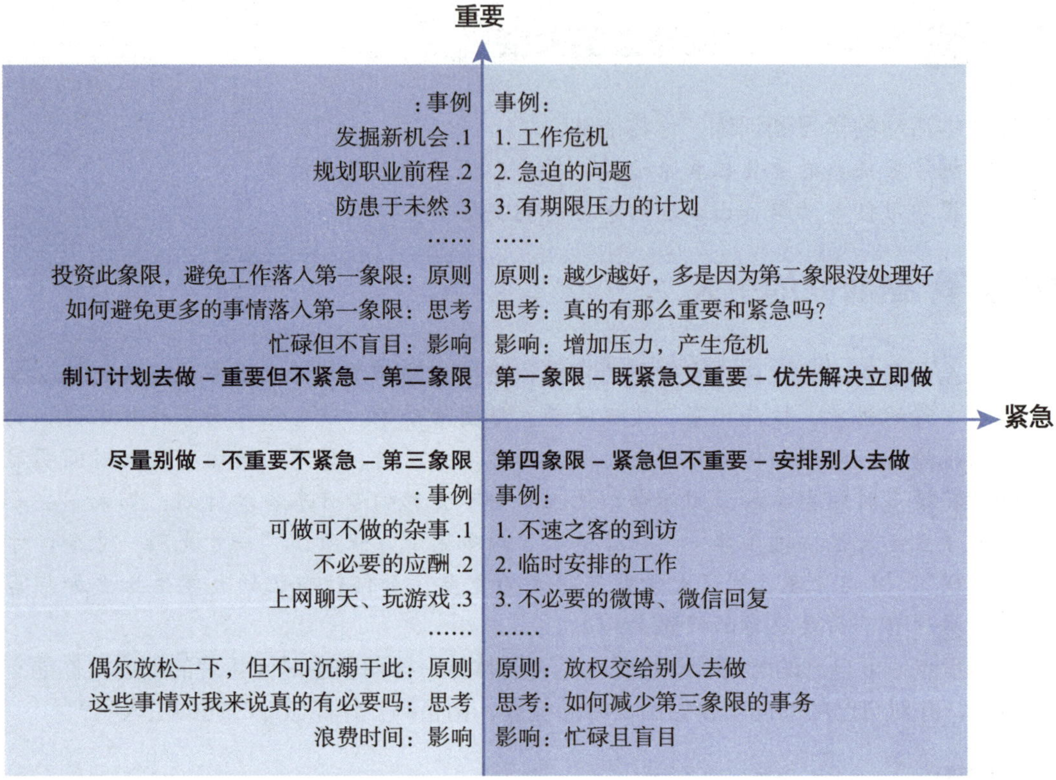

图 1－2　时间管理四象限法则

翻来翻去，只看到第一页而完全无法进行下去。这种情况，就是典型的效率低下。如果一个人效率低下，那给他再多的时间、计划做得再好，他都是无法执行的，因为“不入脑、不入心”。

四、不要把时间浪费在游戏上

信息时代，手机确实给我们带来了极大的便利，然而弊端也是明显的。上课时，总有同学打游戏，有些甚至旷课在宿舍玩游戏。其实，沉迷于网络游戏的同学是在逃避现实，在逃离了高中的劳累生活后，很难在大学去挑战自己。大学期间最容易迷失自己，我们必须有自控的能力，交些好朋友，养成好习惯。

五、做好时间日志

所谓时间日志，就是把某一段时间内所有的活动详细记录下来，并进行简单的分析，以随时了解自己时间管理的情况。

下面是记时间日志的要点：

（1）先写下姓名、日期及目标。

（2）按时间顺序记下当天所有事项。写下半途而废的活动及原因，越详细越好。

（3）对每一行动设定轻重缓急的顺序，以便在当天结束时，追溯自己在最优先事项上花了多少时间。

（4）写出对每项活动日后改进的评价。尽量写下改进的步骤。

（5）时间日志最少连续写上三天，一般七天为最理想，并且须在结束时腾出时间分析自己所记的日志。

（6）尽量用各种符号和缩写。

时间日志格式可参见表 1－2。

表 1－2　时间日志格式

姓名			计划日期	月　日
本周总目标			完成周期	
第一周（　月　日—　月　日）				
活动项目	优选顺序	计划时间	实际完成时间	评价
优先顺序：最重要★★★★★　次重要★★★★　例行工作★★★　最不重要★★				

行动：体验愉快的时间运筹之旅

小张是爱心图书公司的图书销售员，今天他要拜访 5 位客户，上午 10 点听 2 小时的市场营销专家讲座，下班前给经理提交一份本周销售报告。他刚接到女朋友的电话说她母亲住院了，只能在下午 3～5 点探视。另外，今天还是他父亲 50 岁的生日。小张正在犯难，又接到好友小王的电话，说小刘从美国回来了，想今天一起见见面，明天就要回上海。他们可是人称“三剑客”的挚友呀。今天该如何安排呢？

想一想：

1. 小张应该以什么标准来衡量这些任务？
2. 小张能否完成这些任务？
3. 小张必须完成哪些任务？

提示：

小张可以按照图 1-3 来确定这些任务的优先权。

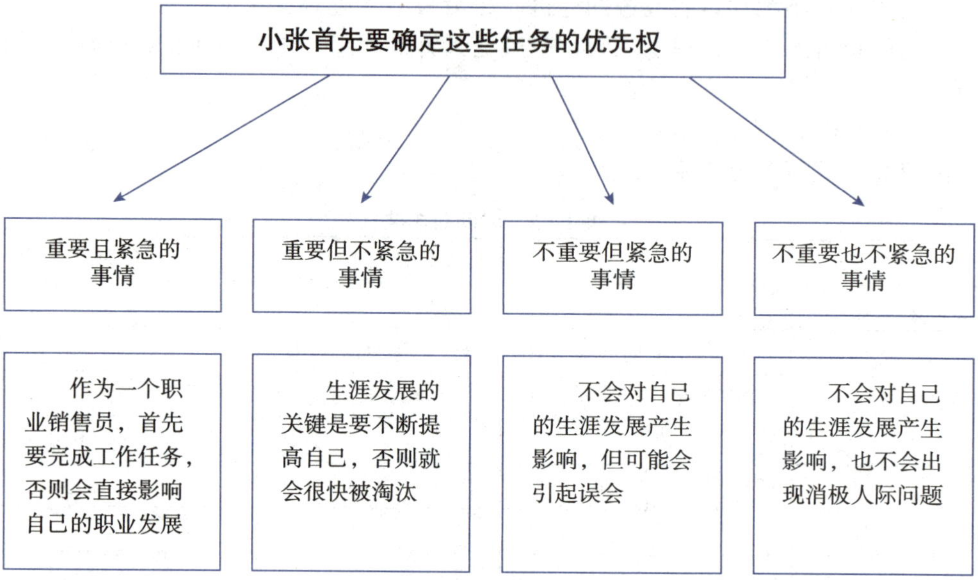

图 1-3　小张按任务优先权评价面临的任务

评估：你是否掌握了运筹学习时间的要点？

学完了本活动内容，看看你是否掌握了运筹学习时间的要点。现在请你认真思考以下几个问题：

1. 今天有哪些事情是在适当的时间内完成的？哪些是在不适当的时间内做的？
2. 今天效率最高的是哪一段时间？效率最低的是哪一段时间？为什么？
3. 今天最大的干扰是什么？
4. 今天做了哪些不必要做的事？
5. 今天花了多少时间做不重要的事？
6. 今天有没有由于安排不合理而浪费的时间？
7. 哪些方面要改进？

主题综合练习

请参考如下专升本计划，结合自身实际，运用学过的制定目标和计划的技巧，制定专属于自己的专升本目标与计划。

大一阶段

1. 根据自身情况（专业、学习成绩等），树立升本意识，并视实际情况决定是否需要报专项培训班，同时制订简单有目的的学习计划。

2. 查询普通专升本招生院校及专业，确定可以报考的本科专业和考试科目。专升本考试政策规定，报考的专业要和专科所学的专业相同或相近（参照省份专业对照表）。

3. 查询普通专升本招生录取人数一览表，结合自己的学习成绩，做到心中有数。

大二阶段

1. 系统了解专升本考试政策、报名条件等信息，认真衡量专升本和实习在你心中的重要性，究竟孰轻孰重。

2. 多向学长学姐取取经，前人的备考经验、考试心得，还有学校、专业的选择都是值得借鉴的，趁你还在校园，趁你身边还有这些资源。

3. 查找往年专升本考题、模拟卷等，静下心来去做一遍，总体感知题目难度、题量、考查范围，也为自己是否决定升本提供一个参考。回过头再问问自己，是否要升本，能否达成目标。

4. 如果英语基础较差，建议大家从大二开始坚持背英语单词和短篇文章，不要让英语拖后腿。

5. 如果你没基础没经验，也没有好的学习方法，平时自控力也不好，建议报班学习。报班学习不仅可以提高学习效率，而且遇到问题可以及时咨询老师，还有同学们可以帮忙，良好的学习氛围也会给你带来学习积极性。

大三阶段

1. 复习进入全面攻坚阶段，对于考点一定要熟记熟背，全面掌握知识点。

2. 根据专升本考试相关政策，完成专升本报名、现场确认等信息采集工作。一定要提前了解当年的招生政策和各院校的招生简章，避免错过报考时间。

3. 反复进行模拟试题及历年真题的演练，随时把握学习效果。做题是对知识点学习的检测，所以在考前要重视刷题，通过做题来巩固考试重点。

主题二 有效实施计划

活动一 管理时间，检查调整

据一项调查统计，大学生在管理时间上主要存在以下问题：

- 晚睡晚起，上课不学习，下课不做作业。
- 作业不到最后时刻不会碰。
- 由于事情多，经常忘记要做的事。

- 个人安排的时间容易被外界打断或干扰。
- 做事没有轻重缓急之分，想到什么做什么。

你是否也面临着同样的问题？管理好自己的时间不仅需要策略，更需要毅力。

目标：掌握管理时间的关键

通过本活动的学习和训练，你将能够：

1. 利用生活中的各种碎片时间。
2. 学会把握人生中的“关键时间”。

任务：你会计算时间吗？

1. 假定人的生命长度有 30 000 天（约 82 岁），请算一下已用去了多少天，还剩下多少天。
2. 把计算结果填入生命计算表（见表 2-1）中。

表 2-1　生命计算表

年　　月　　日	签名：
我的生命已用去　　天，	我的生命只剩下　　天。

3. 请你把最直观的第一感受用简短的语言写下来。

____

____

准备：时间管理的方法和技巧

一、时间管理的常用方法——GTD

时间管理有很多种方法，而 GTD（Getting Things Done）就是其中一种行之有效的方法。Getting Things Done 翻译成中文就是“把事情做完”，GTD 的核心理念概括就是“通过记录的方式把头脑中的各种事情移出来，然后安排自己去执行”。图 2-1 展示了 GTD 的核心步骤：收集、处理、计划、执行、回顾。

（一）收集

把所有要做的事情，不论大小、缓急、轻重，都收集到一个收集箱里。让大脑着重于思考而不是记忆，平时有什么信息、任务和灵感，马上用工具记录下来，工具要方便、易用、便捷。

（二）处理

只有及时处理待办清单，对事情及时做出决定和归纳分类，才能避免事情的堆积，处理任务时可采用两分钟法则和四象限法则。

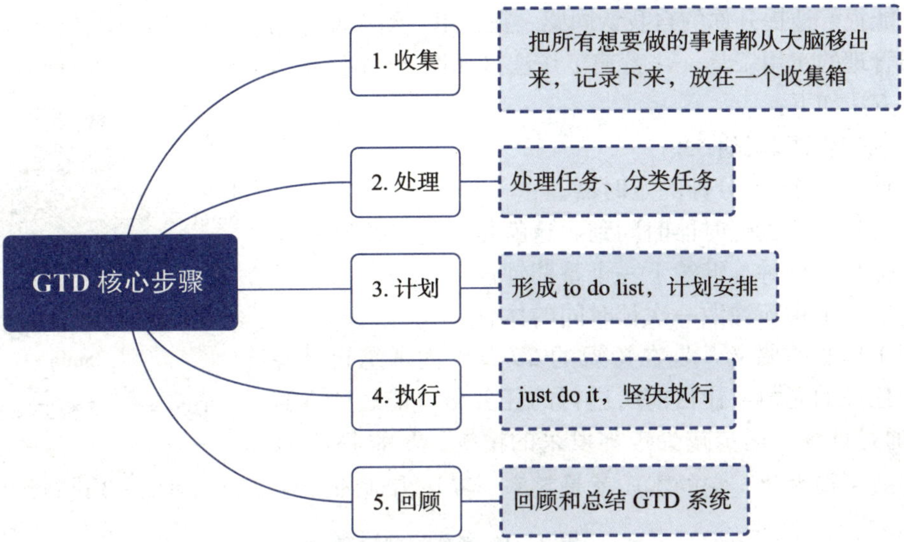

图 2－1 GTD 核心步骤

两分钟法则就是如果一件事情两分钟内能解决，无论是何种事情，马上着手解决掉，如果不能，则再进行分类。

四象限法则是把工作按照重要和紧急两个不同的程度划分成四个象限：既紧急又重要、重要但不紧急、紧急但不重要、既不紧急也不重要（具体参考前面“运筹时间小妙招”）。

（三）计划

每天要做的事情采用“三只青蛙”法则，简单来讲，“三只青蛙”指的是我们每天（周、月、年）最重要的三件事，可以参照表 2－2“吞青蛙”表格，“吃掉”自己的年度、月度“青蛙”。

表 2－2 “吞青蛙”表格

		“吞青蛙”表格					
		年度“青蛙”	完成情况	月度“青蛙”	完成情况		
“青蛙”列表	周一	周二	周三	周四	周五	周六	周日
1							
2							
3							
回顾总结							

（四）执行

执行是 Getting Things Done 最关键的一步，也是成功与否的关键，制订了计划就一定得做到，这能很好地提升你的自我认同感。在这里，给大家介绍一个时间管理的实用工具——番茄工作法（如图 2－2 所示），具体操作方法如下：

（1）确定你想要做什么；

（2）设定一个 25 分钟的定时器；

（3）工作，直到定时器时间到，这就是一个“番茄钟”；

（4）休息 5 分钟，继续下一个番茄钟；

（5）每 4 个番茄钟做一次长时间的休息。

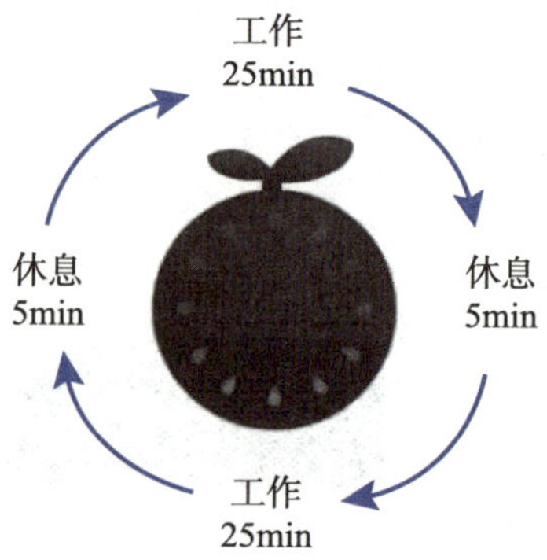

图 2－2　番茄工作法原理

番茄工作法的要义，是在短短的 25 分钟内训练自己专注于当前任务的能力，让目前所进行的任务尽可能地“入脑入心”。通过训练，逐步减少走神发呆的情况，尽量将这 25 分钟内的效率最大化。它的本质就是效率、专注力训练，可以利用表 2－3 进行训练。

表 2－3　番茄钟制定表

星期一		
任务	番茄数	突发事件
1.	☑☑☑□□	
2.	□□□□□	
3.	□□□□□	
4.	□□□□□	
5.	□□□□□	

（五）回顾

采用 PDCA 循环法（见图 2－3）对长期目标、中期目标和短期目标进行回顾，对工作和其他事情进行回顾，看看哪里做得不好，需要改进，重新做出调整计划。这样能使计划更有效地进行，更加合乎工作程序的逻辑。

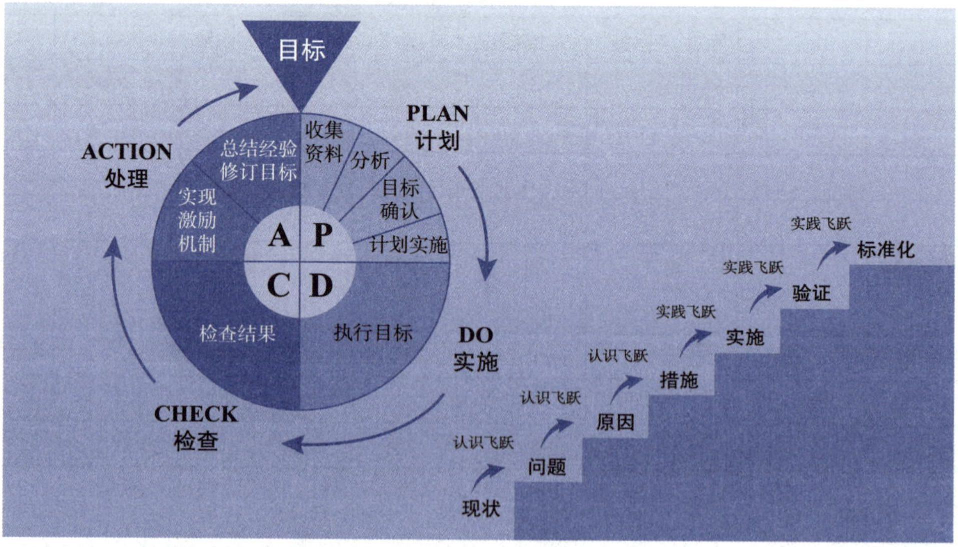

图 2－3　PDCA 循环法

二、时间管理的两个小技巧

（一）合理利用身边的资源

场景引入：如果你是社团或者班级干部，某天，有多件事情需要处理。这时候，你顾及不了那么多，只想着自己能尽快地完成任务，没有更多地去想其他办法，于是你一夜未睡，做表格、写方案，等等。

其实还可以利用身边的资源，把任务分配出去，自己就少承担一些。假如你是某社团部门的部长，有任务的时候，你可以和副部长商量，合理分配任务。假如你是班干部，任务量大的话，就和其他班委一起商量，每人完成一部分。

（二）一个行为，用纸记录随时的想法

场景引入：假如你在看书复习的时候，突然想到笔快没墨水了，想在网上买一些笔芯。于是，在图书馆学习的你，就打开了淘宝，搜索，然后货比三家，在拿定主意买哪款的时候，时间已经过去了一个小时。这时候你可能会懊悔看书的时间又少了。

在专注地做一件事情的时候，你可以在旁边放一张便利贴，记录脑子随时蹦出来的想法，等完成这件事后，再考虑完成脑海中蹦出来的想法。通过用这样的方法来清空大脑中的杂念，提高专注力。在看书或者上课的时候，有新奇的想法蹦出来或者突然想到要做的事情，就马上记在便利贴上。等自习完或上课结束后，再考虑这些事情。这样的一个小小的行为，可以提高你的专注力，让你高效地完成当前所做的事情，不被其他事情所困扰。

行动：学以致用，把时间管理技巧用起来

行动 1：尝试吞掉自己的“三只青蛙”

根据前面的“三只青蛙”法则和“吞青蛙”表格，做一份专属于自己的“吞青蛙”表格。

行动 2：试试番茄工作法，培养专注力

根据“吞青蛙”表格，选择其中“一只青蛙”，下载 App 番茄钟，运用番茄工作法，培养自己的专注力。

评估：你学会把脉时间了吗？

学完了本活动内容，现在看看你是否掌握了管理时间、检查调整的要点。下面请你认真思考如下问题：

1. 你还有哪些利用零星时间的妙招？请你再列出五个。
2. 你还有更好的时间管理的工具吗？请你再列出三个。

活动二 认识自我，主动学习

要做到自主学习，首先必须会学。会学的一个重要诀窍是了解自己的学习风格，掌握必要的学习策略。一个人要学得主动，必须对自己的学习风格、偏爱、个性有所了解，充分利用自己的优势、潜质，找到个性化的学习模式，提高学习效果。在学习的道路上，也有一些共同的学习策略，掌握这些方法可以事半功倍。

目标：认识自我，选择方式

通过本活动的学习和训练，你将能够：

1. 了解自己的学习风格。
2. 掌握学习知识的几种常用策略：复述策略、精细加工策略、组织策略。

任务：我的学习我做主

你的学习风格属于哪种类型?

下列各题请作“是”或“否”的回答。

1. 考试时，你一看过题目就马上答卷吗?
2. 你觉得朗读比默读更容易记住吗?
3. 在做计算题时，你是边分析题意边做的吗?
4. 一听收音机或录音机，你眼前就会浮现出形象的场面吗?
5. 在接连不断地解题时，你是否精神涣散、注意力不集中?
6. 学习时，你一看图解和表格，就能容易地记住吗?
7. 你是否因为自己害羞而认为自己不好?
8. 你是否认为看课本和参考书比听人讲解更容易理解?
9. 你是否通过事情的结果来判断事情的好坏?
10. 你看过课本上的插图和表格之后，它们会清楚地浮现在你的眼前吗?
11. 你是否不注意生活细节，举止随便?
12. 你对你的英语听力很得意吗?
13. 你是否先判断问题的对错，再着手解决?
14. 你在记歌词时，是否听歌曲比看歌词更容易记住?
15. 你是否总是把失败放在心上?
16. 你是否感到会读的汉字或英语单词比不会读的更易记住?

评分与解释：

第2、3、4、7、12、13、14、15、16题选“是”记0分，选“否”记2分；其他题目选“是”记1分，选“否”记0分。将题号为奇数的题目得分相加，再将题号为偶数的题目得分相加。其中奇数题测的是认知型学习方式的类型，偶数题测的是记忆型学习方式的类型。

你的奇数题得分：

你的偶数题得分：

0～3 分（奇数题）：表明你的认知型学习方式为思考型，即解决学习中的问题倾向于深思熟虑，不草率用事。

4～8 分（奇数题）：表明你的认知型学习方式为中间型，即介于思考型与冲动型之间。

9～12 分（奇数题）：表明你的认知型学习方式为冲动型，反应敏捷、迅速，但往往考虑不周，错误较多。

0～4 分（偶数题）：说明你的记忆型学习方式为听觉型，即你的听觉记忆占优势，听过的东西比看过的东西容易记住。

5～8 分（偶数题）：表明你的记忆型学习方式为中间型，即介于听觉型与视觉型之间。

9～13 分（偶数题）：表明你的记忆型学习方式为视觉型，即你的视觉记忆较听觉记忆好，看过的东西比听过的东西更容易记住。

准备：自我学习的关键

一、了解自己的学习风格

学习风格是指一个人在学习的过程中接收信息、保留信息、处理信息的主观偏好方式。学习风格其实是某一个人独特的学习方式，也就是这个人偏好的学习方式。常见的学习类型有以下四种：

（一）视觉型

视觉型的人学习时，比较喜欢视觉信息，会把要学习的东西在脑海中组成图像和片段，学习效率比较高。

- 希望老师多写板书，喜欢做课堂笔记。
- 复习时喜欢用纸和笔，一遍遍抄写、反复默写。
- 希望在安静的场合学习，独自学习效果更好。
- 听课时喜欢坐前排。讲话语速很快，眼睛在看，头脑转得很快。
- 用图片、投影、软件等辅助学习效果更好，他们喜欢记忆信息视觉化。
- 学习内容中有 70%～80%来自视觉性记忆，分为形状记忆型和颜色记忆型两种。
- 喜欢自己看，而不喜欢听别人介绍。

（二）听觉型

听觉型的人比较喜欢听觉信息，知识经过老师讲解后，他们就容易理解、记住，其学习效率也比较高。

- 课堂上喜欢听老师讲课，但不爱做笔记。爱把刚学习到的内容复述一遍。
- 记忆知识时喜欢反复读，大声读。
- 喜欢和同学进行讨论式学习，通过听别人讲来学习。

• 说话语速慢，读书时爱跳跃式进行，对字词的理解快。

• 用阅读材料、录音带、写作工具、对话讨论、辩论、讲故事、群体游戏、社交聚会、社团活动、社区活动辅助学习效果更好。

（三）动作型

动作型的人不擅长从书本接受知识，学习往往要借助实际操作进行。会运用身体的移动和活动来练习和理解，通过动作来记忆事物。

• 心灵手巧，做各种体育运动或技巧都能马上记住。

• 对学习的内容掌握得比较牢固，因为动作型的特点是通过整个身体运动器官的活动来记忆的，一旦记住就很难忘掉。

（四）缄默-综合型

• 课堂上学习喜欢经常改变姿势，很难端正地坐着。

• 喜欢在有音乐的背景下学习。

• 学习时一般只能坚持 15～20 分钟，休息 3～5 分钟后再学习。

• 记忆时喜欢闭眼睛，在头脑中再现学习的内容。有时喜欢边走边记。

• 学习时喜欢安静，喜欢自己单独在一处学习，喜欢自己选择学习的时间和方法。

二、选择学习策略

学习策略是学习者为了提高学习的效果和效率，有目的、有意识地制定有关学习过程的复杂方案。

（一）认知策略

认知策略是加工信息的一些方法和技术，有助于有效地从记忆中提取信息。常用的认知策略有复述、精细加工和组织策略。

1. 复述策略

复述策略是在工作记忆中为了保持信息，运用内部语言在大脑中重现学习材料或刺激，以便将注意力维持在学习材料上的方法。常用的复述策略有：

（1）识记过程中的复述策略。包括以下方面：随意识记和有意识记；排除相互干扰的前摄抑制（先前所学的信息对后面所学信息的干扰）和倒摄抑制（后面所学的信息对前面所学信息的干扰）；首因效应和近因效应（开始和结尾处记得牢）；整体识记和分段识记；多种感官参与；反复阅读与尝试背诵相结合；过度学习（达到 150%最好）。

（2）保持过程中的复述策略。包括及时复习、分散复习、集中复习、画线等。

2. 精细加工策略

精细加工策略是一种将新学材料与头脑中已有知识联系起来从而增加新信息的意义的深层加工策略。它是一种理解性的记忆策略，和复述策略结合使用，效果会更好。

例如，学习“医生讨厌律师”这一句话时，我们附加一句“律师对医生起诉了”，如此一来，以后回忆就相对容易一些。一般的精细加工的策略有许多种，其中有好多被人们称为记忆术。比较流行的记忆术有位置记忆法、首字联词法、视觉联想法和关键词法。

3. 组织策略

组织策略是整合所学新知识之间、新旧知识之间的内在联系，形成新的知识结构。如写提纲、思维导图、利用图示和表格、进行知识组块等。在这里，重点介绍思维导图。

（1）思维导图的内容。思维导图又称脑图、心智地图、脑力激荡图、灵感触发图、概念地图、树状图、树枝图或思维地图，是一种图像式思维的工具以及一种利用图像式思考辅助工具来表达思维的工具。

（2）在校大学生如何使用思维导图。思维从一个中心点出发，总结归纳与这一中心点有关的所有知识点，做到从一棵树的视角到一片森林的视角的转化。思维导图的用途非常广泛，对于大学生，可以从以下几个方面来使用思维导图：

1）管理日常生活。日常生活中的学习、工作、琐事，都可以用思维导图的形式进行安排，整理时间线、管理资源，或者是理清主次缓急。

2）做读书笔记，整理课堂资料。大学老师不会照着书本一点一点地讲授，更多的是总结成 PPT 在课堂上展示，很多同学就按老师的 PPT 整理知识点，可是到考试的时候发现很多书上的知识 PPT 上都没有，这就需要大家对书本知识进行提炼，形成自己的知识体系。

第一种用法就是主干思维导图，可以画在书上相关知识的旁边，也可以画在便利贴上，贴在书上。

第二种用法是在笔记本上画主干思维导图。图 2－4 是一个学生学习唐诗的课堂笔记，使用的是传统的笔记本。

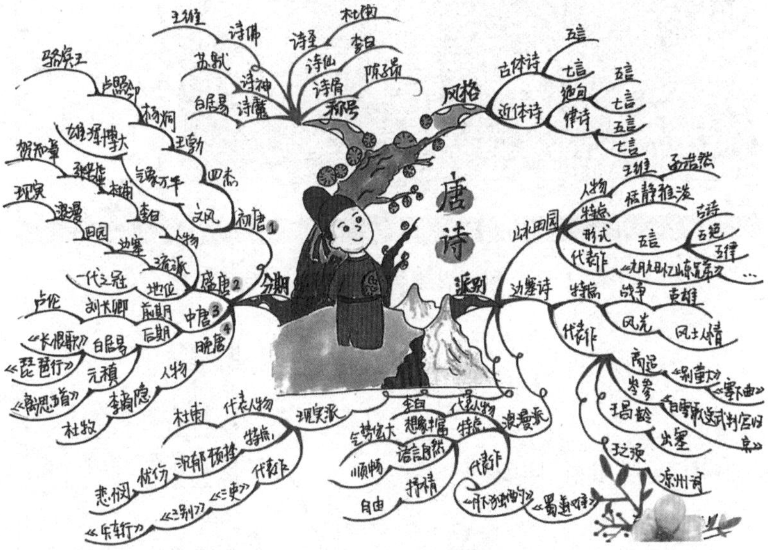

图 2－4 利用思维导图做笔记

3）学英语。在英语学习中，思维导图可以用到各个方面。比如，学单个词时，可以做单词语义网络图；学多个词时，可以使用话题词汇网状图；阅读一篇文章时，可以画文章脉络图；等等。示例如图 2－5 所示。

4）制作小组项目方案（见图 2－6）。

5）做会议记录（见图 2－7）。

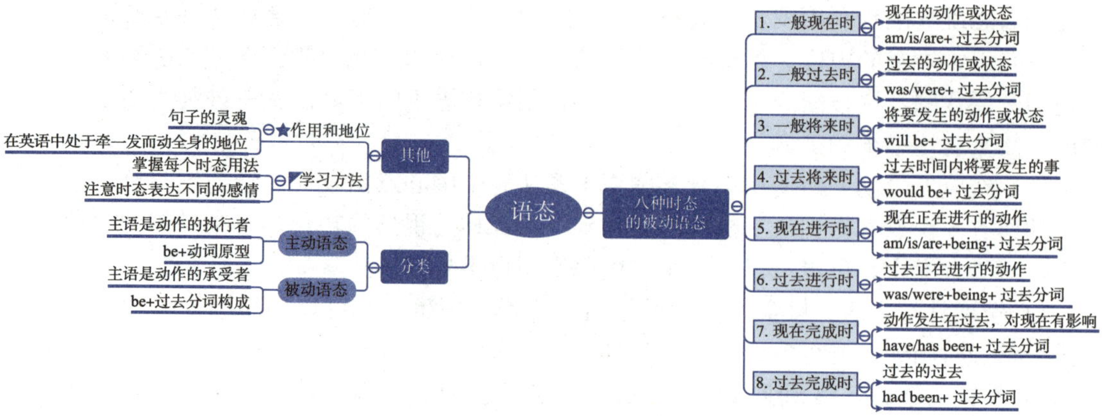

图 2-5　利用思维导图学英语语法

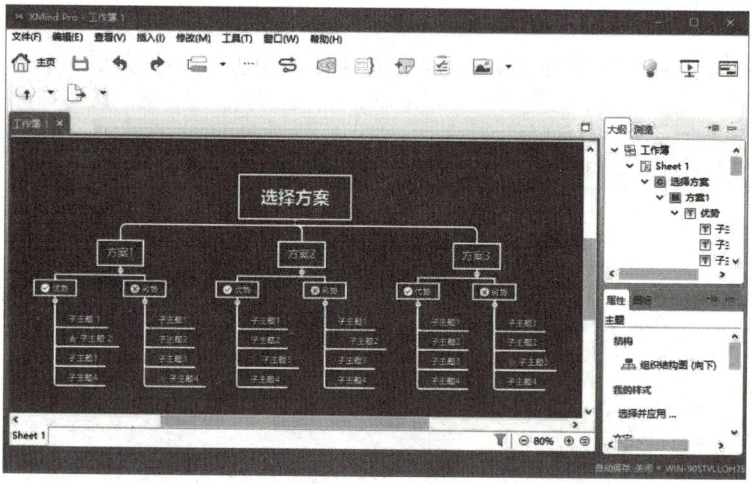

图 2-6　利用思维导图制作小组项目方案

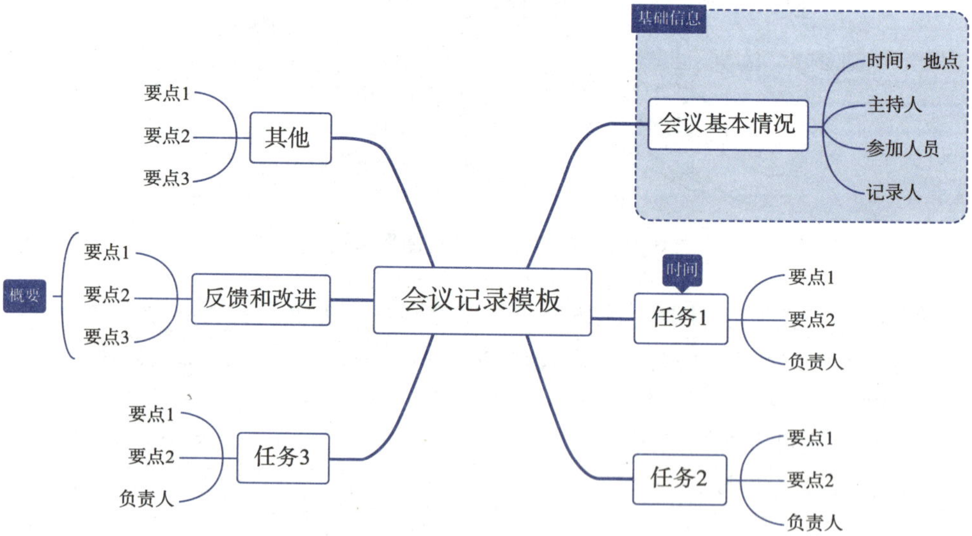

图 2-7　利用思维导图做会议记录

(3) 绘制思维导图。绘制思维导图主要有两种方式，即手绘和软件绘制。

1) 白纸手绘。手绘思维导图时，最好使用多种颜色的荧光笔。思维导图最主要的一点就是每个分支使用不同的颜色，不但看起来好看，也会加深你的印象。有时候会忘了内容，但可以使用颜色来回忆。使用多种颜色会让你的右脑印象更加深刻。手绘思维导图见图 2-8。

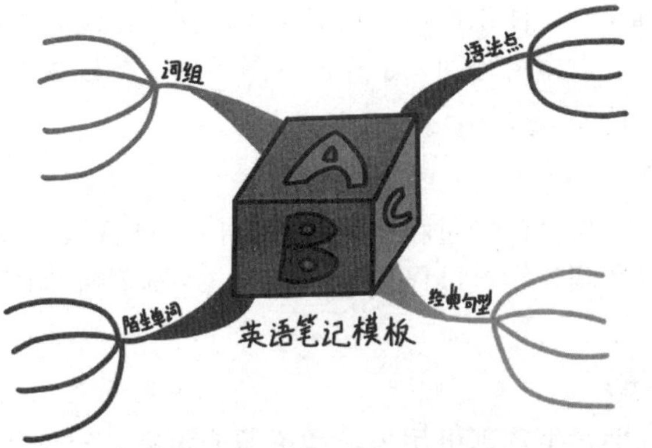

图 2-8　手绘思维导图

2) 软件绘制。下面推荐几款适合大学生使用的思维导图软件：

①Xmind。Xmind 是一款商业思维导图软件（需要付费），适宜性、通用性都非常高，不仅可以绘制思维导图，还能绘制鱼骨图、二维图、树形图、逻辑图、组织结构图、甘特图等可视化图表，而且可以与 MindManager、FreeMind 等思维导图相互转化。绘制出来的图片层次感非常强，线条柔和美观。Xmind 界面如图 2-9 所示。

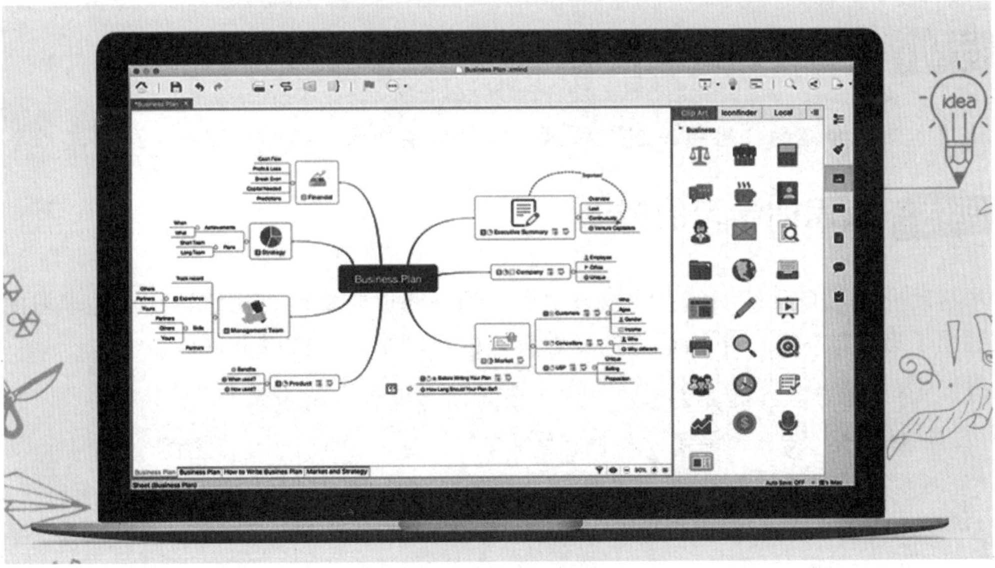

图 2-9　Xmind 界面

②幕布。幕布是一款以层级折叠式文字来整理内容的头脑管理工具，用更高效的方式和清晰的结构来记录笔记、管理任务、制订计划等，幕布作为思维导图最大的亮点就是支

持文档一键生成思维导图。

支持跨平台，支持 Web、Windows、Mac、iOS 和 Android，在微信搜索“幕布”，也能进入使用。可以将本地文档导入幕布中，也可以将幕布中的文档导出到本地，支持 Word、PDF、HTML、OPML、FreeMind 等多种格式。

③迅捷流程图制作软件。一款新手也会使用的在线结构图、流程图、思维导图软件，内置多种导图模板可供参考，体积小巧、功能强大，支持绘制各种专业的业务流程图、程序流程图、组织结构图、数据流程图、工作流程图等。支持模板在线编辑、内容替换、多种格式导出，并且支持作品云存储。

（二）元认知策略

元认知策略是学生对自己认知过程的策略，包括对自己认知过程的了解和控制策略，有助于学生有效地安排和调节学习过程。计划策略、控制策略和自我调节策略都属于元认知策略。

（三）资源管理策略

资源管理策略是辅助学生管理可用环境和资源的策略，有助于学生适应和调节环境，对学生的动机有重要的作用。包括以下几个方面：

（1）学习时间管理策略。包括统筹安排学习时间、高效利用最佳时间、灵活利用零碎时间等。

（2）学习环境管理策略。如寻找固定、安静的地方等。

（3）学习努力和心境管理策略。如将成败归因于努力、调整心境、自我谈话、自我强化等。

（4）社会资源利用策略。如寻求教师帮助、伙伴帮助、合作学习、获得个别指导等。

行动：开始你的自主学习

试用本活动介绍的“思维导图”知识，选取本学期的一门专业课程，绘制思维导图。

评估：反思你学习的成效

本活动介绍了自我认识的方法及自主学习的一些重要策略，相信你在自主学习的道路上又迈出了有效的一步。下面请你认真思考并试着动手做一做以下题目：

1. 你每次学习完一部分内容后，隔多长时间再重温这些内容？
2. 你读书时，在书上做记号和批注吗？
3. 你有做读书笔记的习惯吗？
4. 你是让学过的知识在头脑中处于零散状态，还是常常有意识地做一些系统的梳理？
5. 你听完别人的谈话之后，能否马上就明白其意思？
6. 听完一场报告，你能否马上总结出三点自己的认识？

活动三　善用网络，提高效率

联合国教科文组织早在1999年就提出：学习是指在任何时间、任何地点、用任何方式、用最少投入获得最多的有用的知识和能力的活动，这就是我们通称的“泛在学习”(anyone，anytime，anywhere，any device)。我们生活在一个知识爆炸的时代，一台电脑，一个平板，甚至一部手机，只要能连上互联网，我们就能进入知识的海洋。

目标：掌握网络学习的关键

通过本活动的学习和训练，你将能够：

1. 掌握实用的学习软件，将手机变成生产力。
2. 学会操作相关的学习软件。

任务：思考一下，手机是你前进的动力还是阻力？

手机的使用者主要分为两类，一类是消费者，另一类是生产者。消费者基本上是拿手机社交、购物、娱乐，比如你聊微信、上淘宝买东西、在抖音刷短视频，你的注意力会在不同的App之间频繁地来回切换，长此以往，你就难以长时间在一件事上集中注意力。

生产者虽然也会在手机上消费时间，但是他们更多的是利用手机去赚钱。现在随着技术的发展，手机的功能跟一台PC相差不了多少，各种App让你几乎无所不能，赚钱所需要的基本条件，手机已经全部满足。特别是做自媒体行业，写作、录制视频、直播、卖货，一部手机就可以搞定。

如何让手机成为你的生产力工具，它的难点是什么？

第一个是方向，即不知道自己该干什么，能干什么。很多人会以这点为理由，而停下自己本该再往前的脚步。乔布斯说过：成就一番伟业的唯一途径就是热爱自己的事业。如果你还没能找到热爱的事业，继续寻找，不要放弃。跟随自己的心，总有一天你会找到的。

第二个是基础，可能很多人已经有感兴趣的方向，但是他在那个领域没打好基础，比如想做微商，但是基础薄弱，不会写作、不会文案、不会营销、不会引流、不会找渠道，等等。“啥也不会”不是你不行动的理由，相反它是你行动的原因。你不会写作，不会文案，那就应该去学。所以解决基础问题的办法，就是持续学习，将你想从事的领域所需要掌握的知识、技能一一掌握。

第三个是定位，有的人综合基础比较好，写作、拍照、视频、营销什么都会一点，于是就很抓狂，不知道自己要干什么，也就是不清楚自己的定位。定位确实重要，特别是做自媒体，打造个人品牌，你要找到自己深耕的细分领域。但是在初期，定位有时也会让你束手束脚，你不妨都尝试一下，然后根据市场的反馈做调整。

第四个是行动，行动是最重要的，说一千道一万，还不如做一次。只有开始去行动，你才能真正地让手机成为你的生产力工具。每个人的情况不一样，当你持续行动的时候，问题会逐一浮现，然后你把问题解决掉，你才真正地得到成长。总之，不要再浪费时间，马上行动起来，行动是解决一切问题的关键，行动也是让手机成为生产力工具的前提。

对于学生来说，学习是第一任务。那么如何将手机变成我们学习的生产力？

准备：大学生常备的学习网络资源

手机和电脑等电子设备已成为我们日常生活中不可或缺的一部分，而网课更是让学习和电子设备间的关联更加紧密。你们的手机里都装了多少款 App？除了社交软件、打发时间的游戏、视频软件，有哪些 App 是能帮助你学习、达成目标、养成好习惯的呢？这里重点介绍几类有用的 App。

一、在线学习类

（一）中国大学 MOOC

“好的大学，没有围墙”。让每一个有意愿提升自己的人，都可以获得更优质的教育。尤其是对于某些高考失利没有考上理想大学的同学来说，高考不是终点，只是一个起点，大学依旧可以成为你超越别人的赛道。

MOOC 是 Massive Open Online Course（大规模在线开放课程）的缩写，是一种任何人都能免费注册使用的在线教育模式。MOOC 有一套类似于线下课程的作业评估体系和考核方式。中国大学 MOOC 平台（见图 2－10）与 700 多所高校合作，提供千余门课程，每门课程定期开课，整个学习过程包括多个环节：观看视频、参与讨论、提交作业，穿插课程的提问和考试。

图 2－10　中国大学 MOOC

（二）网易公开课

网易公开课（见图 2－11）有丰富的课程资源，汇集清华、北大、哈佛、耶鲁等世界名校共上千门课程，覆盖科学、经济、人文、哲学等 22 个领域。

图 2-11　网易公开课

（三）腾讯课堂

腾讯课堂（见图 2-12）是腾讯推出的直播学习平台，涵盖上万门课程。腾讯课堂作为在线直播教育平台，主要解决用户通过网络学习的需求。腾讯课堂内容十分广泛，市面上最火的互联网方向、外语学习、职业考试等都有十分细致的划分。

图 2-12　腾讯课堂

二、英语学习类

（一）TED

TED 是“technology，entertainment，design”的缩写，其愿景是“用思想改变世界”。包括优质演讲集锦，各种热门话题，而且各语种字幕同步。每个演讲短小而精悍，一般 15～20 分钟，不仅可以练习听力和口语，还能启发思维，开阔视野。建议大家每天可以利用零碎时间随时看看。

（二）百词斩

英语学习小帮手，它通过各种各样的方法来帮助记忆单词。记忆方法简单，即使在碎片化时间也能记单词。可以选择合适单词书、复习模式、词汇总量来制订背诵计划，隔日复习，每日打卡包含单词形态变化、图文例句、词根词缀、英文释义、单词象形等。百词斩最大的特色就是一个单词一张图，利用图形建立单词与真实环境的联系，加深印象，互动性强。

（三）墨墨背单词

墨墨背单词应用了艾宾浩斯的记忆曲线（见图 2－13），能够循序渐进地帮你复习，让你把单词记牢固。这个 App 与其他背单词软件相比，就是加了单词上限，但如果你能够每天坚持签到的话，是可以免费增加上限量的。

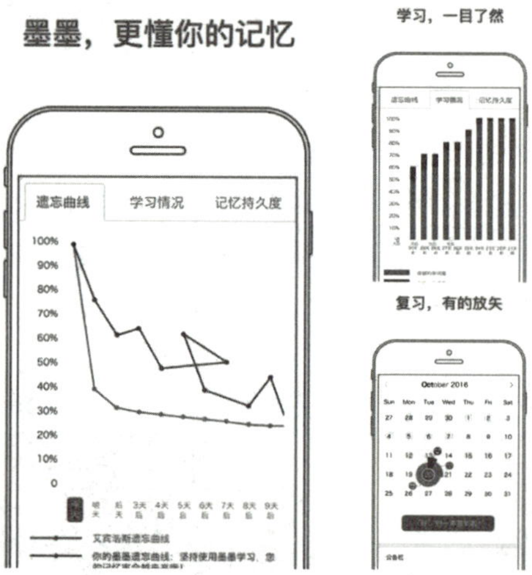

图 2－13　墨墨背单词

三、时间管理类

（一）番茄 ToDo

番茄 ToDo（见图 2－14）是一款可以帮你提高效率的任务清单应用，主打功能番茄钟、定目标、养习惯和锁机等，能够帮助我们控制手机的使用时间，更好地实现专注，非常适合有规划、有目标但是自控力不强的同学。它的自习室功能也非常好用，能够和小伙伴一起学习，根据专注时长排名，起到相互监督和激励的作用。它还有数据分析功能，能够通过各种图表直观地呈现你的学习状况。

（二）Forest 专注森林

Forest 专注森林（见图 2－15）是一款使用方法极其简单的 App：当你需要专注学习的时候，只需要拿出手机打开 App，选择一棵你想种的树，然后就可以专心学习了。不同类型的树需要不同的时间成长，在这期间使用手机会导致树木枯死，而成功种出一颗“树”可以获得一定的积分，攒够一定量的积分后还可以种一棵真正的树，为环境保护添一份力。大家也可以试试和朋友一起种树，互相督促减少电子设备的不必要干扰。

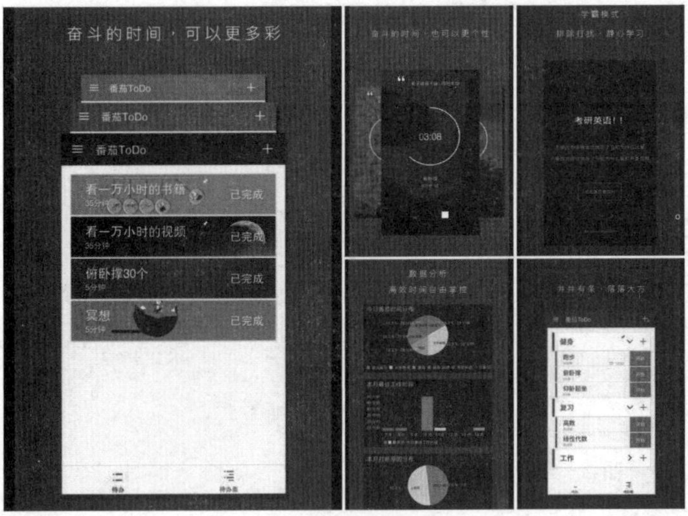

图 2-14 番茄 ToDo

图 2-15 Forest 专注森林

（三）潮汐

潮汐（见图 2-16）是一款操作简便、视觉美观的手机 App，是一款美好的番茄闹钟与白噪音应用。在潮汐 App，既可使用简单好用的番茄闹钟，也可以收听白噪音音乐。它是一款主打大自然声音的专注类 App，设置好想要专注的时间后就可以伴随着自然舒适的背景音乐沉浸到学习中，非常适合缄默-综合型学习风格的学生。

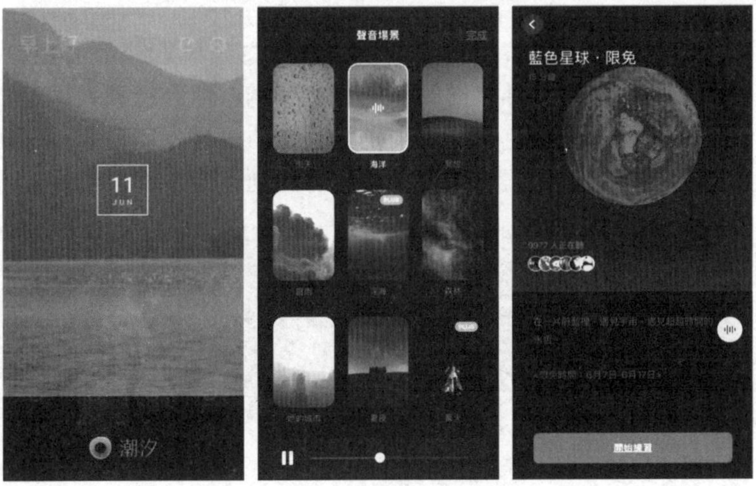

图 2-16 潮汐

（四）倒数日

倒数日（见图 2-17）是款计数日子的软件，画面简洁，功能方便易用。把它作为小程序放在手机界面上，看着时间一天一天减少，真的挺有紧迫感的，尤其是考试的时候。倒数日还具有几个小功能，像“历史上今天”，能很方便地了解一下历史。

图 2-17　倒数日

四、其他类

（一）微信读书

书很全，网络小说很多，可以直接搜索到起点中文网的正版连载小说。整个界面设计延续了微信的简洁风格，有些小清新，而且最重要的是没有广告。微信读书阅读时长可以兑换书币，书友组队还能获得相当多的无限卡，基本上可以实现在微信读书上免费阅读正版小说。

（二）知乎

知乎是网络问答社区，连接各行各业的用户。用户分享着彼此的知识、经验和见解，为中文互联网源源不断地提供多种多样的信息，对于概念性的解释，网络百科几乎涵盖了你所有的疑问；而知乎的一大特色，是对于发散思维的整合。而且它不仅可以答疑，还有学霸的笔记，为你的期末考试保驾护航；只要你有问题，知乎就会帮你解答。

小贴士

App 作为辅助工具，很多时候它可以方便我们的学习或生活，但如果你过于依赖手机和应用，它反而会变成你焦虑的源头。

行动：使用多媒体，事半功倍

行动 1：

使用百词斩记单词，开启专升本英语学习之旅。

行动 2：

根据专升本英语词汇量要求，为自己制订一年的记单词计划。

评估：你能熟练选择和使用网络资源吗？

学完了本活动内容，现在看看你是否能较熟练地选择和使用网络资源，下面请你认真思考以下几个问题：

1. 手机的功能除了社交和游戏，还有哪些？
2. 你可以利用哪些网络进行学习？
3. 你能熟练地利用校园网学习吗？

主题综合练习

综合运用所学过的时间管理技巧，根据自己的学习风格，制订一份切实可行的学习计划。

主题三　效果评估修正

活动　评估效果，提高效率

人类的学习有三种方式，第一种是通过读书向前人学习，第二种是向身边人学习，第三种就是向自己学习。要学会从经验中学习，在复盘中成长。向自己学习，其实就是复盘。古人云“吾日三省吾身”，“省”就是反省、评估自己，要学会“向过去的自己学习”，及时审视自身存在的问题，总结经验，指导未来学习。只有不断地进行评估，定期做“复盘”，才能不断提高自己的学习效率，才能真正进步。

目标：学会自我评估，提高学习效率

通过本活动的学习和训练，你将能够：

1. 掌握自我评估学习效果的方法，重点掌握学习复盘法。

2. 借助教师提供的两种表格工具，对自己的学习内容、学习方法和学习效果进行复盘。

任务：自我评估也是学习的利器

林林制订了专升本的学习计划，每天都坚持认真学习，学习了一段时间后，参加了一次模拟考试，但是考试成绩并不理想。林林开始反思：是自己不会学习，还是方法没用对，还是模拟考试太难？无论林林怎么努力，学习成绩就是无法提高，林林学习进入了一个瓶颈期。

古语有云“学而不思则罔，思而不学则殆”，意思是一直学习却不思考，人就会被表面的现象蒙蔽，而仅仅思考却不进行深入的学习则会精神疲倦而无所得。以身体的忙碌去掩盖思维的懒惰并不是有效的学习方式，最快最有效的学习方式是对自己的问题进行总结思考。学会自我总结，经常检查自己的学习效果，可以最大限度提高学习效率。“工欲善其事，必先利其器”，如同制定目标和计划的方法一样，评估学习的方法同样是“利器”。定期总结评估，把“利器”带在身边，可以取得事半功倍的效果。

准备：自我评估学习效果的方法

一、自我评估的方式

如图 3－1 所示。

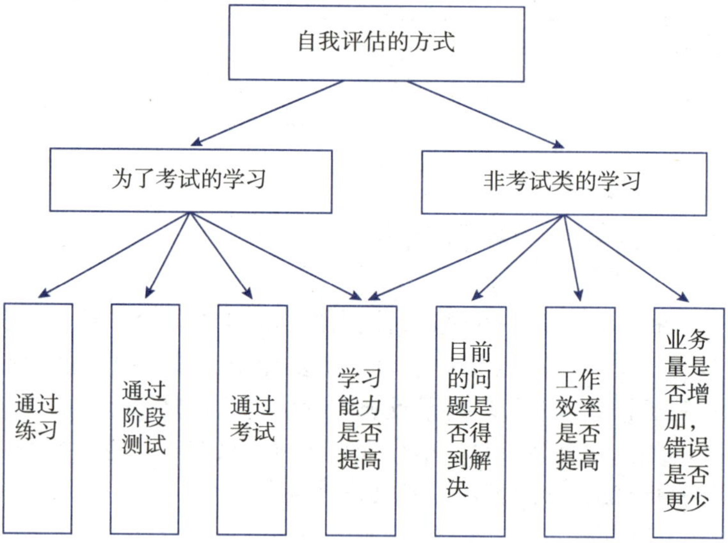

图 3－1　自我评估的方式

二、评估学习效果的方法

评估学习效果的方法有很多种，下文重点介绍学习复盘法。

（一）什么是学习复盘

学习复盘是指对以往的学习过程、学习结果以及目前对知识的掌握情况进行反思和总结。

通俗来讲，同学们需要思考：

（1）前段时间我学了什么？

（2）前段时间我哪里做得好、哪里不行？

（3）接下来我要如何去学？

（二）复盘的作用

第一，强化目标。及时复盘可以帮助自己学会量化目标和跟进学习进度。要根据个人情况制定复盘的周期，及时监督学习进度，避免拖延。

第二，避免失误。复盘有助于反思过去的错误，及时纠正，不再犯同样的错误。很多同学做错的题下次还是会错，就是因为没有及时对错误进行反思总结。

第三，复制技巧。复盘有利于通过之前的学习经验，及时总结有效学习方法和技巧，提升个人能力。

第四，发现规律。复盘有利于发现、总结学习中的规律。从具体的学习行为中提炼出核心的规律，达到触类旁通、举一反三的效果。

（三）复盘步骤

对于复盘来说，回顾、反思、探究、提升一个都不能少。就具体的操作来说，复盘分为回顾目标和计划、评估结果、分析原因、总结经验四个步骤。

第一步：回顾目标和计划。

确定目标既是学习的出发点，也是总结复盘最后的归宿，目标可以说是复盘的一个核心，因此复盘的首要着眼点就是回顾自己的目标和计划。通过回顾自己的目标和计划，就能知道自己现在的状态有没有偏离最初的方向，有没有距离目标越来越远。

第二步：评估结果。

在复盘的过程中，要审视一下自己有没有用对方法，或者说运用这些方法有没有达到期望中的效果，如果没达到预期，分析是什么原因造成的，实践后有哪些提升和不足。根据学习的结果进行量化评估，检查与目标的差距，分析有哪些优点和不足。

第三步：分析原因。

分析造成这种结果的本质原因是什么，这一步是复盘的关键步骤。原因分析是否到位，影响着整个复盘的效果。要多问自己这种结果的原因在哪里，最关键的是什么。

第四步：总结经验。

学到了什么？这一阶段要求对前三个步骤进行总结升华，在经验中发现规律，进而指导下一阶段的学习。

（四）如何复盘

复盘按照周期长度分为两种：短期复盘（每日/周复盘）、长期复盘（每年/月复盘）。虽然说可能有不同时间维度上的复盘，但其实复盘没有任何时间、地点和形式上的规定和限制，你想怎么做就怎么做，在脑海里复盘、在纸上复盘、用工具复盘……都可以。重要的是，不论时间、地点和形式，你要有时常复盘的意识并且去实践。

长期复盘需要从以下几个维度去思考：

（1）自己的上一月/年的学习进度如何？理论上学习应该进展到哪里了？

（2）之前学习中有哪些做得好的和不好的地方？

（3）还能在哪些地方提高效率？

具体可以借助学习计划复盘表（见表3-1）和打卡记录表（见表3-2）。

表3-1 学习计划复盘表

林林丨2024年4月学习计划与复盘							
	分类	英语	语文	专业课	习惯	作息
客观事实	4月计划完成清单	1. 熟记100个单词 2. 掌握两种语法	1. 完成唐诗学习 2. 完成外国文学学习	1. 完成第一章学习	晚饭后散步30 min	早睡早起达25天
	4月已完成进度					
	4月未按计划完成进度					
主观反思	未完成原因					
	5月可继续保持的事项					
	5月需要改进、增加的事项					

表3-2 打卡记录表

林林丨2024年5月打卡记录						
日期	早上6:50前起床	晚上11点前放下手机	有效学习时长4h+	背单词30+	晚饭后散步30min	进行日复盘与规划
5月1日						
5月2日						
5月3日						
5月4日						
5月5日						
5月6日						
5月7日						
5月8日						
5月9日						
5月10日						
5月11日						
5月12日						

续表

林林｜2024年5月打卡记录						
日期	早上6:50前起床	晚上11点前放下手机	有效学习时长4h＋	背单词30＋	晚饭后散步30min	进行日复盘与规划
5月13日						
5月14日						
5月15日						
5月16日						
5月17日						
5月18日						
5月19日						
5月20日						
5月21日						
5月22日						
5月23日						
5月24日						
5月25日						
5月26日						
5月27日						
5月28日						
5月29日						
5月30日						
5月31日						
计划完成次数						
实际完成次数						
奖励						
惩罚						

（五）复盘注意事项

在复盘四个阶段中，每个阶段的核心问题都有所不同。复盘的本质就是从过去经验中学习。现总结出同学们可能常用到的10个问题，供大家参考。

（1）最近一周/一月的学习目标是什么？

（2）根据学习目标制订了怎样的学习计划？

（3）我目前执行了学习计划的哪些内容？

（4）什么时候执行的？如何执行的？

（5）目前的学习情况怎么样？与我原本的学习目标有差异吗？

（6）如果有，差异的原因是什么？
（7）如果没有，我能实现学习目标的原因是什么？
（8）从制订学习计划到实现学习目标这一过程中我学到了什么？
（9）如果有同学也要进行类似的学习复盘，我会给他什么建议？
（10）我接下来应该学习什么？哪些内容我可以马上开始制订计划？

行动：复盘你的学习计划

根据本活动所提供的学习复盘方法，对你最近一周的学习内容、学习方法和学习效果进行一次评估，并完整复盘。

评估：你是否全面掌握了自我评估的基本方法

学完了本活动的内容，现在看看你是否掌握了自我评估学习效果的基本方法。请你认真思考下列几个问题：

1. 你能正确评价自己的学习基础吗？
2. 你能根据自己的学习基础和工作实际确定现在的学习内容吗？
3. 你已经使用过或者已经掌握了哪些评估学习效果的方法？
4. 你会使用学习复盘的方法了吗？

主题综合练习

综合运用所学过的学习复盘技巧，进一步根据学习计划出现的问题，修正学习计划，改进学习方法。

专项二

信息与数字应用素质能力养成

主题四　获取和传达信息

活动一　明确信息任务，确定获取方式

林林大学毕业后应聘上了某林业公司，但到公司报到后得知公司只能提供两个月的中转房，后续需要林林自己解决租房问题，刚毕业的林林顿时产生了疑问，应该到哪里找房子？什么样的房子适合自己？

现实生活中，几乎每一名大学生踏入社会都会遇到类似的租房问题，要解决这个问题，我们需要明确：

- 针对这个问题，我需要搜索哪些信息？
- 用什么方法获取需要的信息？
- 得到的这些信息哪个最关键、最有效？

由此我们必须知道：

- 如何根据自己的目标聚焦收集信息的范围？
- 获取信息的方法、手段、技巧有哪些？
- 如何有效运用所收集到的信息？

明确目标任务、确定收集范围、有效使用信息，这是我们收集和运用信息的关键要点，理解并掌握这些要点，能够为我们运用信息实现目标奠定基础。

目标：掌握任务核心及获取信息的关键点

通过本活动的学习和训练，你将能够：

1. 根据工作任务的目标、需求确定所需的信息，即着手收集信息时，能够清楚自己需要搜寻什么，所收集的信息能否满足自己的要求。

2. 确定信息搜索的范围，懂得通过互联网、移动互联网以及家人朋友获取自己所需要的信息。

任务：了解所需信息，确定搜索范围

当你走出校门，到一个陌生的城市工作，首先需要的就是一个落脚点，寻找自己的房

子，对于大部分同学而言，刚毕业会选择租房。但茫茫楼海，你如何才能找到适合自己的房子？在着手寻找出租屋时，以下问题我们必须考虑到位：

- 我要租什么样的房子：价格，通勤时间，周边环境……
- 哪里有房子可以出租？
- 我在哪里可以获得这些信息？

我们要明确所需解决的问题，确定获取信息的方式。这是我们必备的能力。

怎样获得这种能力呢？下面我们开始训练。先做准备，了解如何获取信息。

准备：明确目标和获取信息的方式

一、确定自身目标

在开展具体行动的过程中，获取信息只是方法或手段，把握目标才是根本。因此在进行信息收集时我们必须明确信息收集的目标，明确自己想知道的有哪些，收集信息的目的是为了满足什么需要，要解决什么问题，只有明确目标并按需求收集信息内容，才能完成信息收集的任务。

以林林毕业租房为例，需要了解以下问题：

——计划租住的房子的面积是多少？朝向是哪边？

——房子在哪个区域？周边环境如何？通勤时间需要多久？

——出租房内的设施和配置情况如何？是合租还是整租？

——能够承担的租金为多少？

二、确定信息搜索的方式

信息的来源范围很广，我们可以从哪些途径收集所需要的信息？

（一）政府部门、社会公共机构

如政府服务大厅、图书馆、各种报告厅和展览馆等。通过这些地方可以获得权威且最新的资讯和规范。

（二）传统信息媒介

包括报纸、杂志、书籍、电视等传统媒介，这些渠道信息量大、内容广泛且覆盖面广，从中可以查询和收集所需要的信息。

（三）互联网

互联网的内容包罗万象，随着移动互联网的迅速发展，传统的搜索引擎和不同行业的 App 可以为用户提供文章、视频、图片等各种信息，同时能够为用户提供精细化的线上线下服务。

（四）社会服务中介

服务中介面向社会，服务内容专业是其特点，你要获取哪一方面的信息或服务，通过服务中介可以获得精准的服务和指导。

（五）家人朋友

家人朋友是获取信息的重要途径，通过向他们咨询可以使你节省较多的搜索时间，从而得到有效的解决方案。

行动：正确快速获取数据

行动 1：收集举办班级中秋节活动的节目信息

中秋节即将来临，班级即将举办中秋节活动，辅导员让你收集相关信息，协助他办好本次中秋节活动。

想一想：

1. 你需要获取哪些信息？
2. 你会采取哪些方式？
3. 你收集这些信息的目的是什么？

提示：

1. 班级的活动将以什么样的形式开展？
2. 活动将采购哪些物品？如何采购？预算有多少？
3. 班级的男女生分别有多少？他们来自哪里？大家有哪些需求？

行动 2：搜索由昆明前往拉萨的交通方式

同寝室的小伙伴毕业旅行计划由昆明前往拉萨，你会选择哪种进藏方案？

想一想：

1. 进入拉萨都有哪些交通方式？你会思考哪些问题？
2. 针对所思考问题，你会收集哪些信息？
3. 收集这些信息内容的目的是什么？

提示：

1. 宿舍成员的毕业旅行预算，大家的期待。
2. 有关西藏的风俗、文化、美食、美景等的书籍、杂志和资讯。
3. 前往拉萨的交通路线、方式，采取的交通工具、行程表。
4. 游历过西藏的人员的经验分享等。
5. 其他更多需要查找的信息和考虑的问题。

评估：自我测试收集运用信息的能力

进一步练习并自我评估，掌握利用阅读法和询问法搜寻所需信息的能力。

林林想组织同寝室的舍友到大理游玩，了解到每名舍友的预算只有 1 000 元，包含食宿、交通及景点门票的全部费用。他需要获取符合要求的旅游信息，以便从中选择确定。

使用本活动所学习到的知识，帮林林查询相关旅游的信息。

1. 你准备从哪里查询？为什么呢？
2. 请你根据查询结果作出宿舍的旅游安排及预算。

活动二 运用多种方式有效传递信息

运用口语和书面的方式有效、正确地传达信息是每一名合格的大学生和职场人必备的技能。

目标：学会运用口语和书面方式传递信息

通过本活动的学习和训练，你将能够：

掌握运用口语和书面方式传递信息的基本知识和技巧。

任务：学会运用口语和书面方式准确传递信息

在学习、工作中，口语传达信息生动、快捷，书面方式传达信息准确、持久。语言表达能力是当今社会衡量人才的重要指标，是对当代职场人的基本要求，因此作为一名大学生必须学会使用口语和书面方式准确传达信息。

准备：学会常用的口语表达和基础写作

在同学们在校学习和就业的过程中，自我介绍是常用的口语表达形式，电话联络是介于当面表达和书面表达之间的沟通方式，请假条是常用的书面表达形式，下面简单介绍这三种方式。

一、自我介绍

众所周知，自我介绍是日常工作中与陌生人建立关系、打开局面的一种非常重要的方式，直接关系到给别人的第一印象及以后交往的顺利与否。自我介绍是每一个职场中人都必然要经历的一件事情，因此，我们要通过自我介绍，争取让他人认识、了解、欣赏自己。

（一）运用场合

（1）不认识的朋友间初次见面时。

（2）求职面试时。

（3）学生入学时。

（4）参加各种考试时。

（5）编辑个人档案和简历时。

（6）演讲或者主持时。

（二）自我介绍的内容

（1）姓名。

（2）爱好、籍贯、学历或业务经历。

（3）专业知识、学术背景等。

（4）优点、技能。

（5）致谢。

（三）自我介绍技巧

（1）自我介绍要表达我是谁以及有哪些优势，包含姓名、单位、职务等，展示自己擅长的领域和技能，凸显自己的价值。

（2）表达要真诚真实、沉着冷静，谈吐大方，语速适中，保持端正的站（坐）姿及适当的眼神交流。

（3）时间控制在现场允许的范围内，不宜过长，内容要简明扼要，突出重点，最后表示感谢。

二、电话联络

电话联络作为日常生活和工作口语表达的重要组成部分，它不像书面材料那样字斟句酌，也不像面谈可借助语态来表情达意，因此在电话联络中我们需掌握以下技巧：

（1）报清自己的姓名，让对方清楚你是谁。

（2）将礼貌和热情通过语音传达给对方。

（3）通话目的要明确，内容要简要，措辞口语化。

（4）咬字要清晰，语速恰当，音量以对方听清为宜。

（5）需要告知重要的内容时，在通话前要打好腹稿，通话时，抓住你要说的关键。

（6）为了防止通话中出现误会和差错，应重复要点，请对方确认。

三、请假条

请假条是面向领导、老师等对象申请准假不参加某项工作、学习、活动等的文书。根据请假原因，请假条一般分为请病假和请事假两种。它是一种很重要但经常被人们忽略的应用文，从小学、初中、高中到大学乃至工作均会使用到。

（一）主要结构

（1）居中写标题“请假条”，这是所有应用文的通用要求，用来表明此文用于请假。

（2）请假对象的称呼，一般使用尊称。

（3）请假内容一般包含请假缘由、请假起始时间、请假去向和祝颂语等内容。

（4）请假时间。填写当前你写请假条的时间。

（5）落款，请假人签名。

（二）格式

标题（居中）；

上款（顶格写部门的名称或领导的名字）；

正文（请假缘由、起止日期及天数）；

下款（请假人、请假时间，写在右下）。

示例如下：

请假条

×××：

因……需要请假，请假时间自××××年×月×日至××××年×月×日共××天，恳请领导/老师批准。

×××

××××年××月××日

行动：自我介绍、打电话、写假条

行动 1：

请以到公司面试为背景，向面试官进行自我介绍。

提示：

求职面试的自我介绍既要有个人基本信息，包括学历、工作经历、技能、特长等，还要包含既往所取得的成绩、对目标岗位的认识、与目标岗位匹配的程度、特殊的才能或才艺等信息。

行动 2：

请以传达开会信息为内容，两人一组进行打电话的训练。

提示：

1. 注意运用打电话的要则。

2. 通话前，发话人要打好腹稿，通话时要讲清楚会议名称与主题、时间、地点、出席对象、会前准备事宜和与会需携带的物品及注意事项等内容，受话人要应答，传达出已经了解开会的信息。

评估：自我测试收集运用信息的能力

请进行以下训练：

1. 林林即将于今年六月份毕业，作为优秀毕业生代表，林林将进行毕业发言并接受表彰。学校允许林林邀请家人参加毕业典礼，请你以林林的角色同家人电话联络，邀请家人参加毕业典礼。

2. 请你参考自我介绍中使用的口头表达技巧向同学们介绍以下内容：（1）你家乡的一种特产；（2）你大学的目标；（3）你毕业后的理想。

3. 请运用互联网查询“通知”的格式，根据所查询到的通知格式拟写一份“职业素养课需停课 1 次，下周二上午补课”的通知。

主题综合练习

练习 1：获取信息

运用互联网、电话等方式获取上一年本省专升本考试的时间、科目、能够报考的学校和自己意向专业的录取分数线。

练习 2：传达信息

两人一组，首先以电话联络的形式通知应聘者到公司的会议室进行面试，其次以面对面的形式由应聘者进行自我介绍。

主题五 采集与解读数据

活动一 抓取数据，读懂数据

数据收集又称数据获取，是指个人（单位）根据需求收集相关的数据。它是数字应用能力中的第一步，也是最重要的一步，决定了后续应用数据进行决策的质量优劣。

目标：正确快速抓取数据

通过本活动的学习和训练，你将能够：

1. 根据工作任务的目的，知道自己需要做什么，从两种不同渠道（图表与非图表的渠道）获取数据，判断得到的数据是否能满足自己的要求。

2. 了解得到数据的途径、方法，选择合适的方式（实地观测、解读图表或调查访问）得到所需要的数据。

任务：了解所需数据，确定收集方法

案例 1

某水果经销商要求收购品控员王浩对即将收购的一级蓝莓进行抽检，确保收购的蓝莓达到收购标准。

根据经销商收购标准，每粒蓝莓的标准尺寸为直径 16±2 毫米，即每粒蓝莓直径的标准尺寸为 16 毫米，且上下的浮动不超过 2 毫米，达标率不得低于 95%。这是因为在收购价格不变的情况下，蓝莓在 16 毫米的基础上，如果大于 2 毫米为特级果，若按照一级果收购果农将受损；如果小于 2 毫米为二级果，若按照一级果收购公司将受损；如果达标率低于 95%则会导致评级无法达标。因此经销商收购控员需将蓝莓直接尺寸控制在 16±2 毫米，达标率需要达到 95%。

收购品控员王浩需要做什么？

当我们要收集数据信息时，需要：

- 明确获取信息的范围；
- 明确需要多少数据；
- 确定获取数据信息的方法；
- 按要求的精度读出测量设备的刻度（如精确到1毫米）。

我们在学习、工作之中，会遇到各样的问题，解决这些问题时，通常首先需要获取相关的数据信息，而获取信息就要从实际需要出发，根据现实条件，事先把需要解决的问题尽可能考虑得仔细和详尽，明确获取数据信息的范围，明确需要多少数据，确定获取数据信息的方法。这样，根据这些设定好的内容进行测量或查找，最终得到的数据就会比较全面、准确，就能满足解决问题的需要。

这项任务可使我们知道如何通过测量获取数据信息。

案例2

2021年5月11日上午10时，国新办举行新闻发布会，公布了第七次人口普查数据（见表5-1），通过该表，你是否能够了解各省的人口数量及分布情况，以及各性别、各年龄段占本省人员的比重？

表5-1　第七次人口普查各省人口情况

地区	人口数	男女比例		年龄比重			
		男	女	0～14岁	15～59岁	60岁以上	65岁以上
全国	1 411 778 724	51.24	48.76	17.95	63.35	18.7	13.5
北京	21 893 095	51.14	48.86	11.84	68.53	19.63	13.3
天津	13 866 009	51.53	48.47	13.47	64.87	21.66	14.75
河北	74 610 235	50.5	49.5	20.22	59.92	19.85	13.92
山西	34 915 616	50.99	49.01	16.35	64.72	18.92	12.9
内蒙古	24 049 155	51.04	48.96	14.04	66.17	19.78	13.05
辽宁	42 591 407	49.92	50.08	11.12	63.16	25.72	17.42
吉林	24 073 453	49.92	50.08	11.71	65.23	23.06	15.61
黑龙江	31 850 088	50.09	49.91	10.32	66.46	23.22	15.61
上海	24 870 895	51.77	48.23	9.8	66.82	23.38	16.28
江苏	84 748 016	50.78	49.22	15.21	62.95	21.84	16.2
浙江	64 567 588	52.16	47.84	13.45	67.86	18.7	13.27
安徽	61 027 171	50.97	49.03	19.24	61.96	18.79	15.01
福建	41 540 086	51.68	48.32	19.32	64.7	15.98	11.1
江西	45 188 635	51.6	48.4	21.96	61.17	16.87	11.89
山东	101 527 453	50.66	49.34	18.78	60.32	20.9	15.13
河南	99 365 519	50.15	49.85	23.14	58.79	18.08	13.49
湖北	57 752 557	51.42	48.58	16.31	63.26	20.42	14.59

续表

地区	人口数	男女比例		年龄比重			
		男	女	0～14 岁	15～59 岁	60 岁以上	65 岁以上
湖南	66 444 864	51.16	48.84	19.52	60.6	19.88	14.81
广东	126 012 510	53.07	46.93	18.85	68.8	12.35	8.58
广西	50 126 804	51.7	48.3	23.63	59.69	16.69	12.2
海南	10 081 232	53.02	46.98	19.97	65.38	14.65	10.43
重庆	32 054 159	50.55	49.45	15.91	62.22	21.87	17.08
四川	83 674 866	50.54	49.46	16.1	62.19	21.71	16.93
贵州	38 562 148	51.1	48.9	23.97	60.65	15.38	11.56
云南	47 209 277	51.73	48.27	19.57	65.52	14.91	10.75
西藏	3 648 100	52.45	47.55	24.53	66.95	8.52	5.67
陕西	39 528 999	51.17	48.83	17.33	63.46	19.2	13.32
甘肃	25 019 831	50.76	49.24	19.4	63.57	17.03	12.58
青海	5 923 957	51.21	48.79	20.81	67.04	12.14	8.68
宁夏	7 202 654	50.94	49.06	20.38	66.09	13.52	9.62
新疆	52 852 345	51.66	48.34	22.46	66.26	11.28	7.76

通过此项任务，我们能够掌握如何通过图表解读出所需要的数据。

准备：确定数据搜索范围和获取数据的方法

获取数据的方法，主要包括实地测量法、图表解读法、实地调研法等。

一、实际测量法

涉及物品的长度、宽度、高度、面积、体积、容积、重量、温度、湿度等物理特性方面的量，能够通过实际测量的方式得到数据信息的，就采用实际测量的方法。这是真实、可靠、可信的获取数据的方式。

实际测量时需要注意的事项如下：正确选择测量工具，注意测量工具的精确度，测量的方式要正确，读测量数据时要满足计算精确度的要求。

二、图表解读法

许多数据可以从相关职能部门、互联网或媒体公布的资料中查找。这些资料中的数据信息往往是以图表的形式对外公布的。

统计图和统计表是我们最常见的图表。统计图表具有信息量大、直观、明了的特点。统计表与统计图是整理、表达和分析数字资料的重要工具，用统计表可避免冗长的叙述，能把有关的数字列在一起，既便于计算比较，又易于发现错误和遗漏。绘制统计图可使数字资料形象化，使读者在短时间内获得明晰的印象。

三、实地调研法

实地调研是相对于案头调研而言的，是对在实地进行市场调研活动的统称。当案头调研无法满足调研目的，收集资料不够及时准确时，就需要适时地进行实地调研，取得第一手的资料和情报，使调研工作有效顺利地开展。所谓实地调研，就是指对第一手资料的调查活动。

（一）访问法

访问法是指将拟调查的事项，当面或书面或以打电话的方式向被调查者提出询问，以获得所需资料的调查方法。它是最常用的一种实地调研方法。访问法的特点在于整个访谈过程是调查者与被调查者相互影响、相互作用的过程，也是人际沟通的过程。它包括面谈、电话访问、信函调查、会议调查和网上调查等。

（二）观察法

观察法是指调查者在现场从侧面对被调查者的情况进行观察、记录，以收集市场情况的一种方法。它与访问法的不同之处在于利用访问法调查时让被调查者感觉到“我正在接受调查”，而观察法则不一定让被调查者感觉出来。利用观察法，只能通过调查者对被调查者的行为、态度和表现的观察来进行推测，判断问题的结果。常用的观察法有直接观察调查和实际痕迹测量法等。

（三）试验法

试验法是最正式的一种方法。它是指在控制的条件下，对所研究的对象进行一个或多个因素的控制，以测定这些因素间的关系。它的目的是通过排除观察结果中的带有竞争性的解释来捕捉因果关系，在因果性的调研中，试验法是一种非常重要的工具。它主要有产品试销和市场试验等方法。

行动：我要查询什么数据？从哪里搜索？

行动 1：

结合前文案例 1，某水果经销商要求收购品控员王浩对即将收购的一级蓝莓进行抽检，确保收购的蓝莓达到收购标准。

为了得到所收购的蓝莓达标情况，王浩有两种方法可以选择：

（1）对于收购的每箱蓝莓的达标率进行逐箱检查，这就获得了全部蓝莓的数据，我们将这些数据称为总体，这是最可信的方法，同时也最麻烦，如果总体量太大，具体实施过程就会难度较大。

（2）随机抽取一定的数量作为样本，通过检测这些样本，从而获得推断总体的合格数据信息。

王浩所面临的任务是检测当天收购蓝莓的达标率。假设每天收购 1 000 箱，抽检率为 2%，那么王浩可通过随机抽样的方式，按照 1 000×2%=20，随机抽取 20 箱进行检查。

王浩通过蓝莓分级筛对蓝莓的达标率进行检查，通过检测将 20 箱蓝莓的达标率记录好，分别为：

95%，98%，94%，99%，100%，97%，100%，99%，97%，98%

100%，93%，98%，97%，99%，96%，98%，100%，99%，98%

行动 2:

你能否从我国第七次人口普查西南地区人数图中（见图 5-1）了解到西藏人口数占西南地区总人数的百分比？

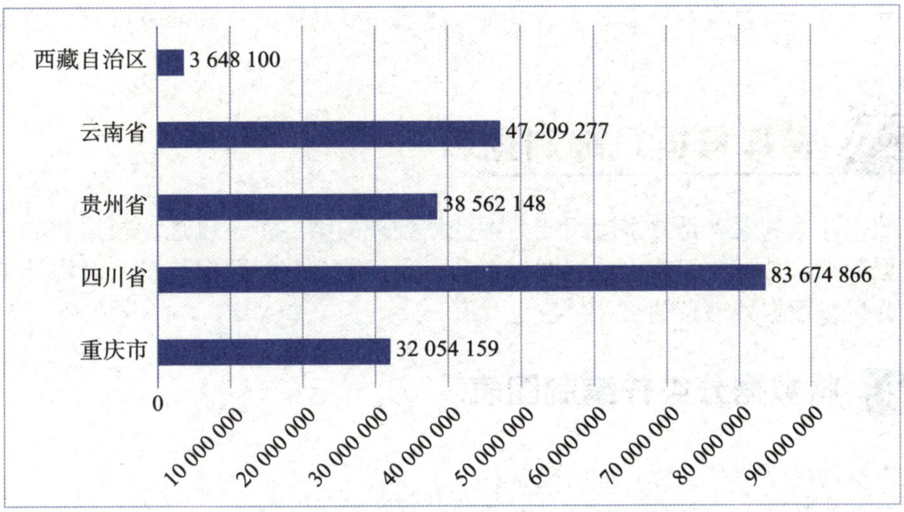

图 5-1 我国第七次人口普查西南地区人数图

提示：

同学们可从图 5-1 中横纵坐标及数据提示了解西南地区各省（市、自治区）人数，再根据总人数计算西藏人口占比。

总人数=3 648 100+47 209 277+38 562 148+83 674 866+32 054 159

=205 148 550

西藏所占百分比=3 648 100÷205 148 550×100%=1.78%

评估：你是否掌握了获取数据的要点

请进行以下练习：

1. 某面包厂生产重量为 500g 的吐司面包，每天生产 1 万份，食品厂要求面包重量为 500±20g，达标率需要达到 95%，小明作为质检员每天至少检测 100 份，请设计出抽样方案。

提示：

系统抽样法。选取合适的检测仪器，能够读出的基本重量为克。

2. 班级中需要了解同学们的身高、体重、视力和男女比例信息，依据这些基本信息的平均值，绘制一个班级学生的平均画像，请设计出抽样方案。

提示：

系统抽样法。可以通过体检报告等获取同学们的基本信息，从而获得相关信息。

3. 李华需要本月内花费一周的时间从昆明到北京办事（需 24 小时）后再返回昆明，前往北京前需要到西安（需 12 小时）中转实地购买物资，请利用手机查询后为李华设计一条最经济且一周后能返回昆明的路线。

提示：

利用软件查询当前多种交通工具的票价，根据一周的时间设计往返路线，要求最经济实惠。

活动二 整理数据，编制图表

整理数据并编制图表是数字应用能力中数据处理的第二步，也是比较重要的一步。合理地将数据归纳、分类并编制出数据图表有利于我们综合分析数据信息，对统计结果进行解释，并为后续数据处理做铺垫。

目标：将数据分类并编制图表

通过本活动的学习和训练，你将能够：

1. 根据数据的特点，将数据归纳、分类。
2. 根据数据的特点和类别，编制适当的统计图表。

任务：整理数据，编制简单图表

案例 1

在上个活动的案例 1 中，王浩抽检的蓝莓达标率如下：

95%，98%，94%，99%，100%，97%，100%，99%，97%，98%

100%，93%，98%，97%，99%，96%，98%，100%，99%，98%

为了进一步了解采购货物的达标情况，王浩需要做什么？

当我们需要分析数据信息时，必须先做以下几件事：

- 将数据信息整理、归类、排序。
- 将数据分组。
- 计算每组的频率。
- 制作频率分布表和频率分布图。

我们收集数据的目的是要通过数据，分析当天所收购的蓝莓达标率是否符合要求，但由于收集的数据较多，我们无法直接从数据中看出、推断出生产的状况，因此需要将数据进行整理、归类，编制统计图表。通过数据图、表、计算来分析数据。

案例 2

班主任需要了解班级同学的身高情况，让班长去了解一下本班 45 名男生的身高情况。

班长了解后得到 45 名男生的身高如下（cm）：

170 182 169 176 175 166 170 169 158 188 179 182 167 172 180
174 168 171 173 177 169 171 174 169 175 181 188 183 184 176
177 175 172 176 175 172 177 169 170 174 176 172 164 168 189

班长应该如何向班主任反馈班级男生的身高情况呢？

准备：明确绘制图表的方法及步骤

在得到所需要的数据和数据组之后，需要将数据进行整理，再继续做统计图或统计表。

一、数据整理

（一）分类整理

首先列出所分的类别，再计算出每一类别的频数、频率或比例、比率，同时选择适当的图形进行显示，以体现数据及其特征。

（二）分组整理

（1）组距分组：求极差（极差＝最大值－最小值）；确定组数；确定组距（组距＝极差÷组数）。

（2）将数据按照某种标准分成不同的组别，然后计算出各组中出现的次数或频数。

二、制作统计图表

表 5－2 为我国某年 12 个省（市、自治区）考研报名人数统计表。

表 5－2　我国某年 12 个省（市、自治区）考研报名人数统计表

序号	省（市、自治区）	人数（万人）	序号	省（市、自治区）	人数（万人）
1	甘肃	7.1	7	广东	20.2
2	广西	6.4	8	江苏	26.3
3	陕西	19.6	9	四川	20.89
4	辽宁	12.9	10	北京	44.7
5	安徽	17.5	11	河南	30.2
6	浙江	12.5	12	山东	34.8

（一）条形统计图

一般是由两条互相垂直的数轴和若干长方形组成，两条数轴分别表示两个不同的项目，能清楚地表示每个项目的具体数目。根据表 5－2，可制作考研报名人数条形图（见图 5－2）。

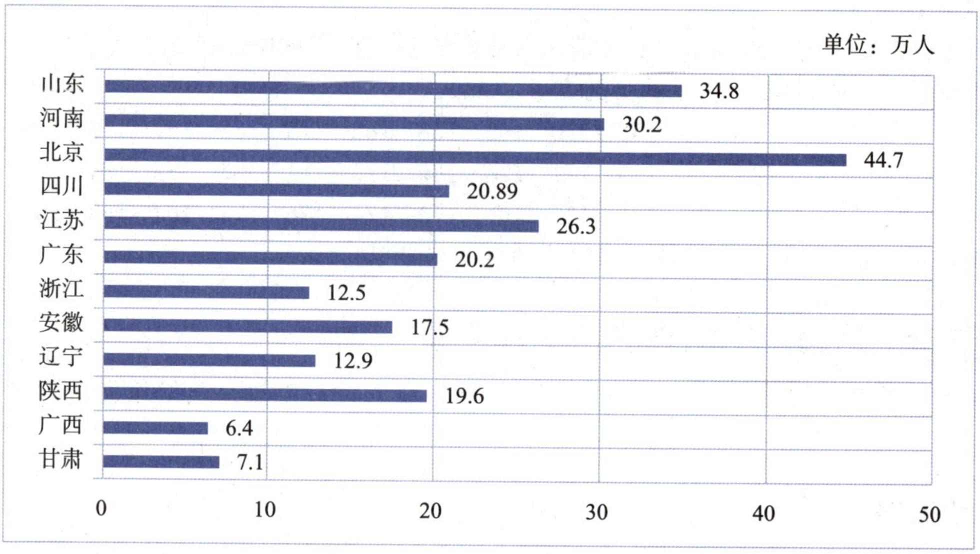

图 5－2　我国某年 12 个省（市、自治区）考研报名人数条形图

（二）频数直方图

它将统计对象的数据进行分组，画在横轴上；纵轴（即长方形的高）表示各组数据的频数。它能更清晰、更直观地反映数据的整体状况（见图 5－3）。

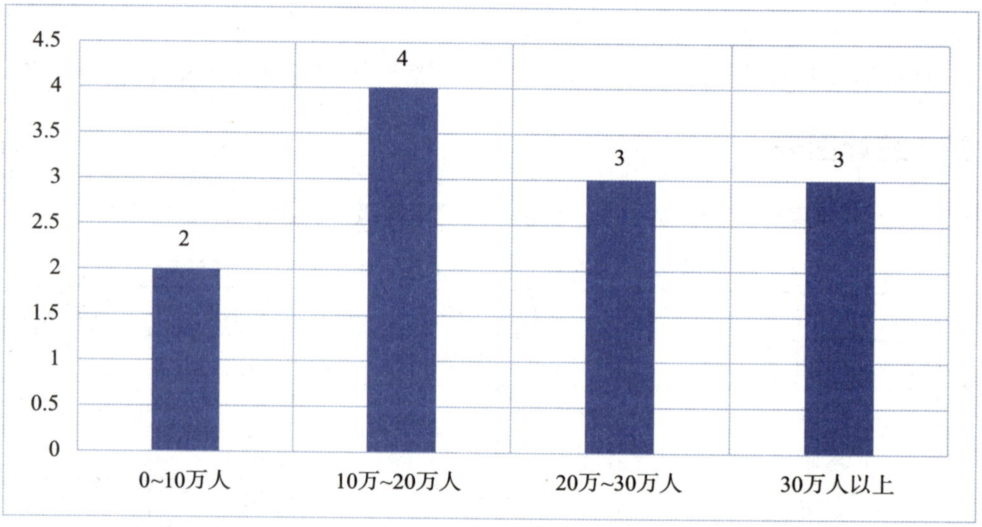

图 5－3　我国某年 12 个省（市、自治区）考研报名人数频数直方图

（三）饼状统计图

它能清楚地表示出各部分在总体中所占的百分比。它用圆代表总体，圆中的各个扇形分别代表总体中的不同部分，扇形的大小反映部分占总体的百分比的大小（见图 5－4）。

（四）折线统计图

用折线的起伏表示数据的增减变化。它能清楚地反映事物的变化情况（见图 5－5）。

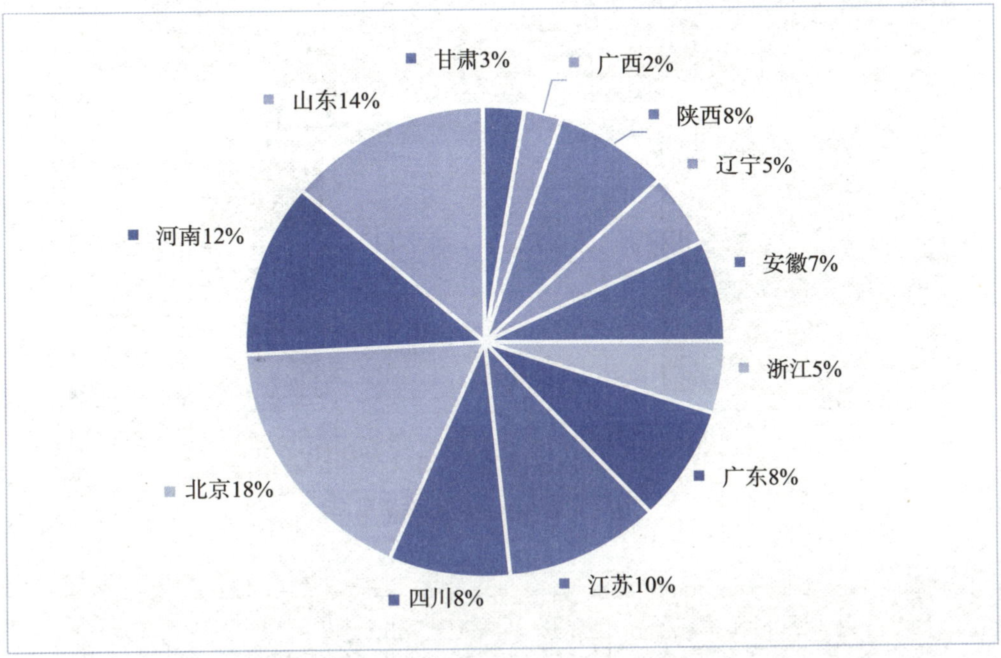

图 5-4 我国某年 12 个省（市、自治区）考研报名人数饼状图

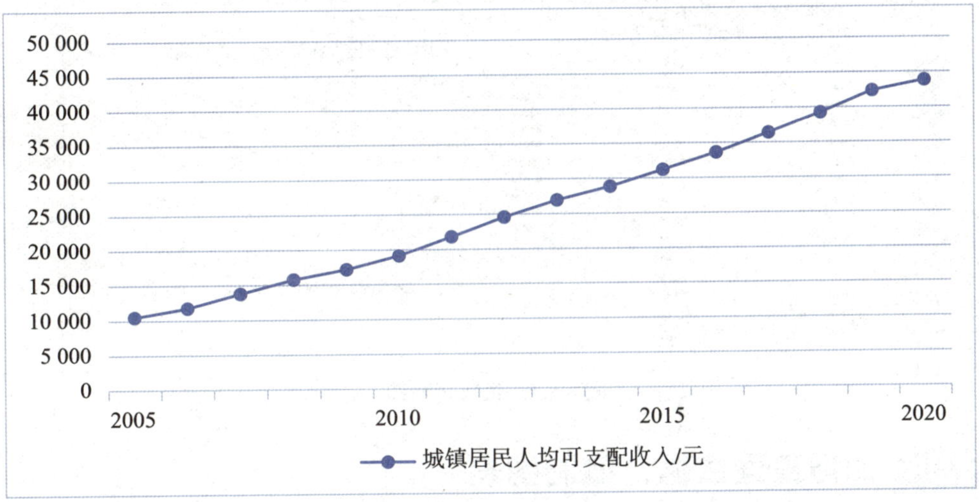

图 5-5 我国城镇居民人均可支配收入折线图

由于人工绘图较为麻烦，我们也可运用计算机绘制统计图，下面简单介绍用 Excel 软件绘制统计图。

（1）将整理好的统计表输入 Excel 软件中。

（2）运用 Excel 软件绘制所需的统计图，如条形图、饼状图、折线图等。

具体步骤：选定统计表—选中菜单中“插入”—选择所需的图表类型（见图 5-6）—根据图表类型确定样式—选择“确定”—统计图即可生成（见图 5-7）。

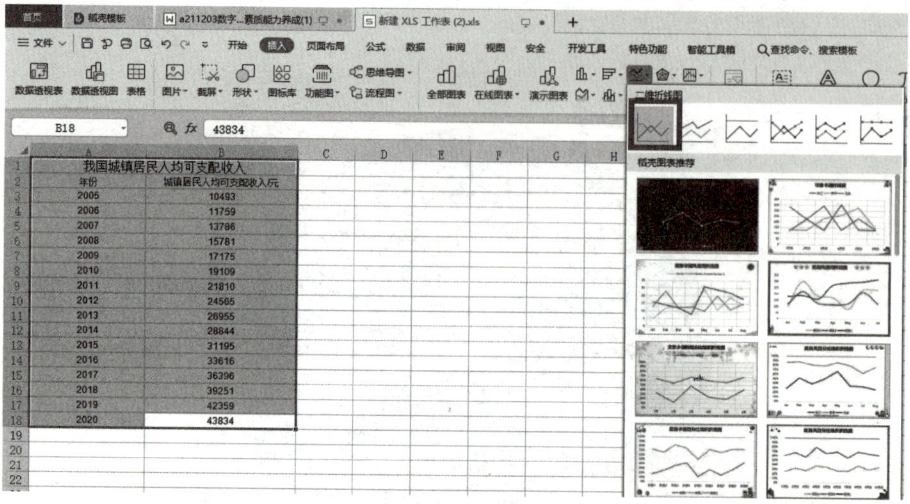

图 5-6　选择图表类型

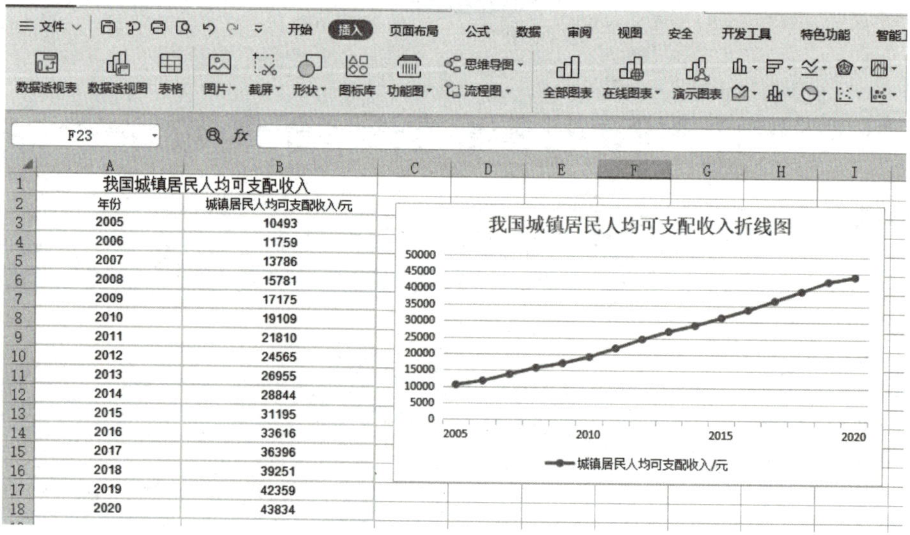

图 5-7　生成折线图

行动：如何整理数据、编制图表

行动 1：

从权威网站查询我国近二十年 GDP 数据。

请同学们对近二十年 GDP 数据进行分析，进而了解我国 GDP 的变化情况。

提示：

可运用所给的 GDP 数据，利用 Excel 软件制作统计图，观察 GDP 的变化情况。

行动 2：

班长根据班主任的要求测量了本班 45 名男生的身高情况，45 名男生的身高如下（cm）：

170　182　169　176　175　166　170　169　158　188　179　182　167　172　180
174　168　171　173　177　169　171　174　169　175　181　188　183　184　176
177　175　172　176　175　172　177　169　170　174　176　172　164　168　189

对数据做如下处理：

1. 找到数据中的极值，即最大值和最小值；
2. 将身高等距分为 8 组，计算组距，编制频数分布表；
3. 制作身高频数分布表，绘制频数分布直方图。

(1) 我们可以得到班级 45 名男生中的极值分别为最小值 158cm，最大值 189cm。

(2) 通过计算可以得到，组距=(189−158)÷8≈4，因此将组距确定为 4，由此可以得到本班男生身高的频数分布表（见表 5-3）。

表 5-3　本班男生身高频数分布表

身高范围	频数	频率（%）
158～161	1	2.22%
162～165	1	2.22%
166～169	9	20.00%
170～173	10	22.22%
174～177	14	31.11%
178～181	3	6.67%
182～185	4	8.89%
186～189	3	6.67%

(3) 根据频数分布表可做出频数分布直方图（见图 5-8）。

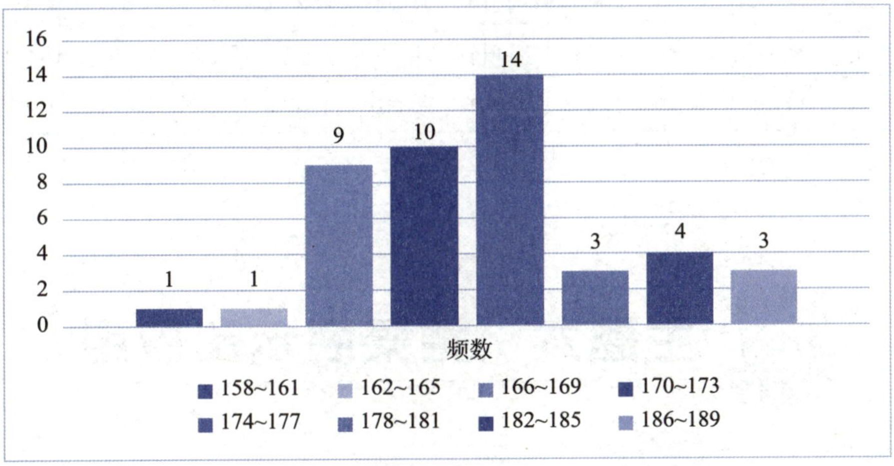

图 5-8　本班男生身高频数分布直方图

评估：你是否掌握了整理数据的要点

请进行以下练习：

1. 统计出自己所在班级同学的视力情况，然后对这些数据进行统计、分组，制作频数分布直方图和饼状图。

2. 林林计划在校园内开创一个服务于本校学生的创业项目，请你统计本校大学生生活费使用的去向及数量，然后给他一个创业建议。

提示：

根据学校不同学院、不同年级的情况了解同学们的生活费使用情况，将生活费的用途分类，求出每个生活费用途类别的数量，根据生活费的使用给出林林创业建议。

主题综合练习

练习 1：收集资料

体育课上需要使用篮球，教育主管部门计划购买 3 000 个篮球分发至各学校作为教学用具，教育主管部门现打算委托你进行采购，现在请你报送一个预算，你将如何制作该预算？

提示：

通过多种调查方式，如线上网络、线下市场或者朋友家人获取篮球的价格，然后进行计算。

练习 2：绘制统计表

表 5－4 为我国 2013—2022 年居民人均可支配收入统计表，请同学们根据统计表分别绘制出城镇居民和农村居民人均可支配收入的折线图，以及城镇居民和农村居民人均可支配收入条形图。

表 5－4　2013—2022 年居民人均可支配收入统计表

年份	2013	2014	2015	2016	2017	2018	2019	2020	2021	2022
城镇居民（元）	26 955	28 844	31 195	33 616	36 396	39 251	42 359	43 834	47 412	49 283
农村居民（元）	9 430	10 489	11 422	12 363	13 432	14 617	16 021	17 131	18 931	20 133

主题六　结果展示和应用

活动一　开展计算，展示结果

选用适当的方法展示计算结果，是完成任务关键的一步，如果选用的展示方法不当，将直接影响到任务完成的质量，甚至会前功尽弃。

目标：使用适当的方法展示计算结果

通过本活动的学习和训练，你将能够：

使用统计表、条形统计图、扇形统计图、折线图等展示数据处理、计算结果。

任务：了解常用展示方法

案例 1

表 6－1 是我国 2023 年 3—9 月发电量情况。

表 6－1　我国 2023 年 3—9 月发电量情况统计表

月份	3 月	4 月	5 月	6 月	7 月	8 月	9 月
发电量（亿千瓦时）	7 172.9	6 583.5	6 885.8	7 399	8 461.7	8 449.9	7 456.1

林林需要根据表 6－1 对我国发电量进行展示，如果你是林林，你将选用哪种方式？

案例 2

表 6－2 是我国 2013—2022 年居民人均可支配收入统计表。

表 6－2　我国 2013—2022 年居民人均可支配收入统计表

年份	2013	2014	2015	2016	2017	2018	2019	2020	2021	2022
城镇居民（元）	26 955	28 844	31 195	33 616	36 396	39 251	42 359	43 834	47 412	49 283
农村居民（元）	9 430	10 489	11 422	12 363	13 432	14 617	16 021	17 131	18 931	20 133

林林需要根据表 6－2 对我国 2013—2022 年居民人均可支配收入进行展示，如果你是林林，你将选用哪种方式？

案例 3

表 6－3 为我国第七次人口普查西南地区人口统计表。

表 6－3　我国第七次人口普查西南地区人口统计表

省（市、自治区）	重庆	四川	贵州	云南	西藏
人数（万人）	3 205	8 367	3 856	4 721	365

林林需要根据表 6－3 对我国第七次人口普查西南地区各省（市、自治区）占全国人数进行展示，如果你是林林，你将选用哪种方式？

当我们需要对数据进行展示时，需要做到以下几个方面：

（1）选择合适的图表，我们要根据所想展示的核心内容来选择所需要的图表。

（2）对所需展示的数据进行正确的展示。

准备：计算统计量、编制图表

我们学习了如何制作图表，还要掌握根据工作任务的目的，选用适当的方法来展示计算结果。要理解各种图表的特点及意义，制作并使用图表（如条形图、扇形图、折线图等）对结果进行展示。

常用统计图的特点如下：

（1）条形统计图：能清楚地表示每个项目的具体数目。

（2）频数直方图：能更清晰、更直观地反映数据的整体状况。

（3）扇形统计图：能清楚地表示出各部分在总体中所占的百分比。

（4）折线统计图：能清楚地反映事物的变化情况。

行动：怎样显示结果？

行动 1：

林林需要根据表 6－1 对我国发电量进行展示，他选用哪种方式比较好？

各月份的数据如果仅罗列出来无法形成有效信息，采用条形图对比的方式可以更好地展示各月份发电量情况。

根据表 6－1，用条形图 6－1 展示如下：

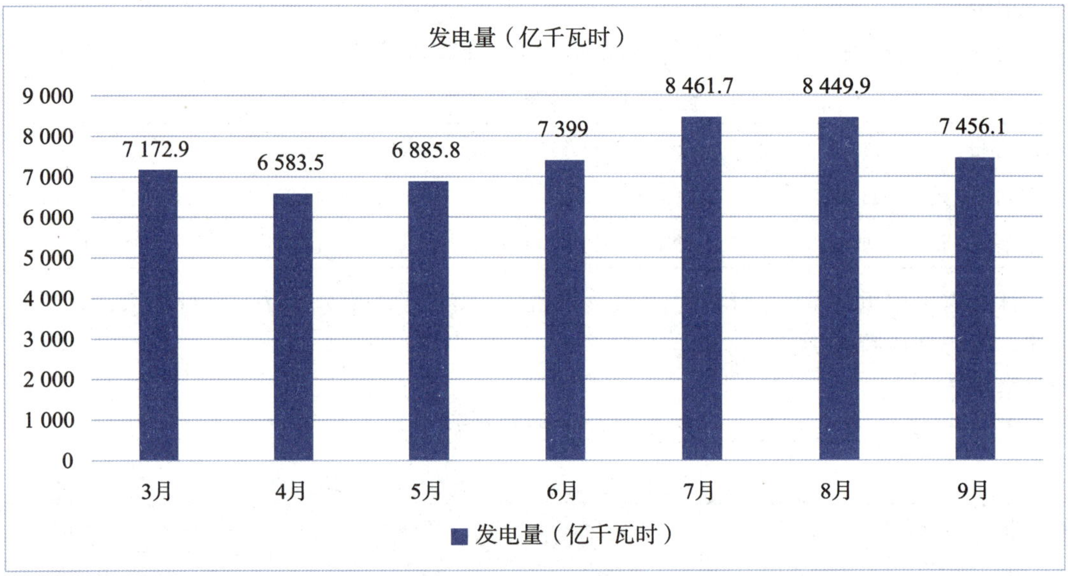

图 6－1　我国 3—9 月全国发电量条形统计图

行动 2：

林林需要根据表 6－2 对我国 2013—2022 年居民人均可支配收入进行展示，他选用哪种方式比较好？

折线图适合表现连续型的时间序列，所以当 X 轴为连续数值（如时间）且注重变化趋势时，适用折线图。因此本题选择折线图。

根据表 6－2 用折线图 6－2 展示如下：

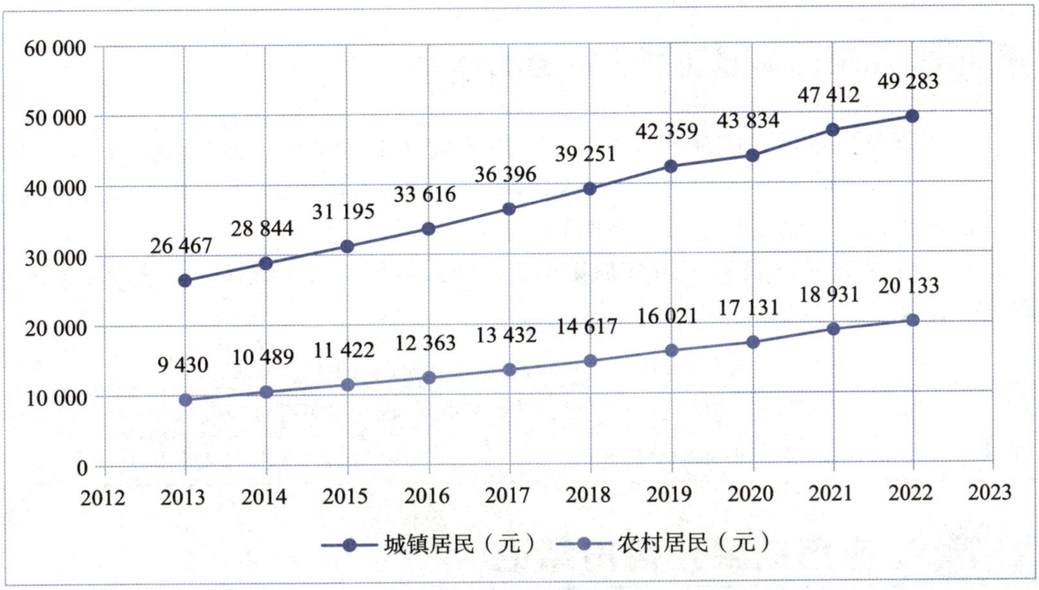

图 6－2　2013—2022 年居民人均可支配收入折线统计图

行动 3：

林林需要根据表 6－3 对我国第七次人口普查西南地区各省（市、自治区）占西南地区总人数进行展示，他选用哪种方式比较好？

饼状图可以表示占比，整个圆饼代表数据的总和，每个区块（扇形）表示该分类占总体的比例大小，为了更好地体现西南地区各省（市、自治区）占西南地区总人数的比例，选用饼状图进行展示。

根据表 6－3 用饼状图 6－3 展示如下：

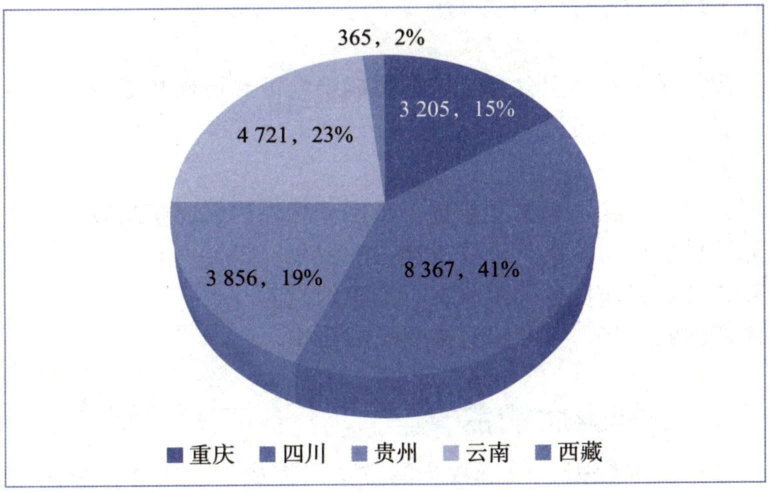

图 6－3　我国第七次人口普查西南地区人口饼状图

评估：你是否掌握了展示数据的要点

1.“大学语文”的考试成绩公布了，此次共有 47 人参加考试，其中得分为 90～100 分的人数为 12 人，80～89 分的人数为 16 人，70～79 分的人数为 11 人，60～69 分的人数为 6 人，60 分以下为 2 人。请用条形图和扇形图进行展示。

2. 表 6-4 是我国 2011—2020 年城镇单位就业人员平均工资统计表。请用条形图和折线图进行展示。

表 6-4　我国 2011—2020 年城镇单位就业人员平均工资统计表　　单位：元

年份	2011	2012	2013	2014	2015	2016	2017	2018	2019	2020
平均工资	41 799	46 769	51 483	56 360	62 029	67 569	74 318	82 413	90 501	97 379

活动二　应用结果，得出结论

分析数据，获得结果，运用计算出来的结果准确地说明你的工作任务或现状，这是数字应用能力最终的体现。

目标：分析结果，得出结论

通过本活动的学习和训练，你将能够：

1. 用计算出来的结果准确地说明工作任务或现状。

2. 判断计算结果是否与工作任务的要求相一致。

任务：如何对结果进行分析

食堂老板希望你通过对学生食堂热销的黄焖鸡米饭和烤肉拌饭进行统计分析，反映本口的生产现状；再进一步分析调整每周的备菜计划。

你应该如何去做？

当我们分析数据时，除了根据需要进行数据计算外，还要解决以下几个方面的问题：

- 判断计算结果是否与工作目标要求相一致。
- 根据计算结果对工作任务或现状进行准确的说明。
- 预测当前数据的趋势，判断对将来状况的影响。

准备：明确各种概念的含义

结合前面所学的获取数据、分析数据的方法，完成这项工作。特别是对数学中的概念、公式，一定要明确它们的意义，否则将无法对实际工作中的问题加以解释说明，甚至得出错误的结论。

行动：对计算结果进行描述分析预测

行动 1：分析结果

林林统计了本班 45 名男生的身高，统计结果如表 6－5 所示：

表 6－5　班级身高相关的统计结果

指标	数据	含义
均值	174.3	说明本班同学身高的平均数为 174.3
中位数	174	说明同学身高最中间的一个身高为 174
众数	169	身高为 169 的同学最多
标准差	6.45	标准差能反映数据集的离散程度，越小说明数据越稳定
最小值	158	说明本班同学身高最矮为 158
最大值	189	说明本班同学身高最高为 189

行动 2：

根据表 6－6 对我国 2021 年 1—10 月进出口总值情况进行分析。

表 6－6　我国 2021 年 1—10 月进出口总值统计表　　单位：亿美元

指标	1 月	2 月	3 月	4 月	5 月	6 月	7 月	8 月	9 月	10 月
出口总值	2 640	2 049	2 411	2 639	2 639	2 814	2 827	2 943	3 057	3 002
进口总值	1 986	1 670	2 273	2 211	2 184	2 300	2 261	2 360	2 390	2 157

总体分析：

根据表 6－6 作折线图，如图 6－4 所示。

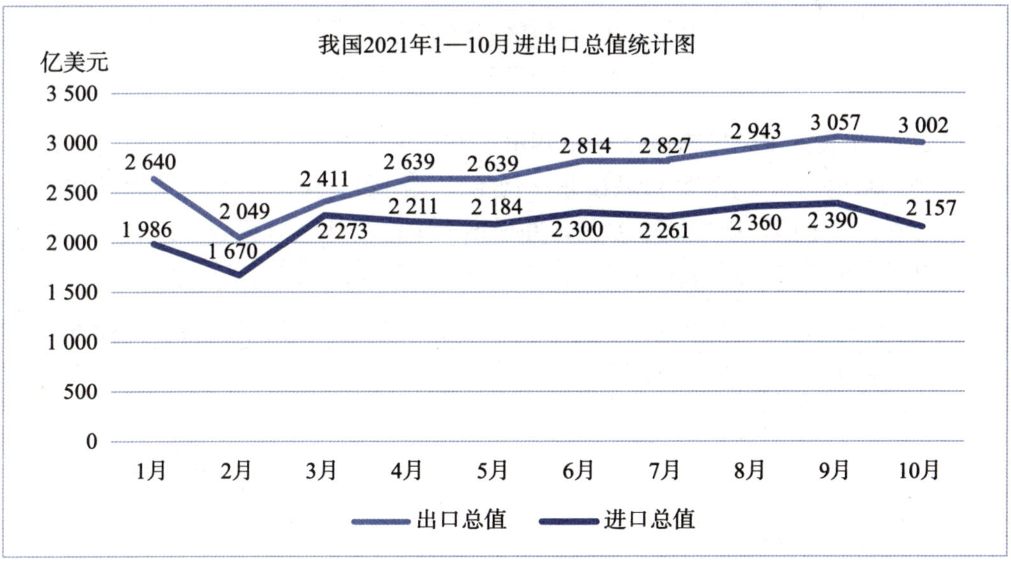

图 6－4　我国 2021 年 1—10 月进出口总值统计图

在2021年1—10月中，出口总值最低的为2月2 049亿美元，进口总值最低的为2月1 670亿美元，这可能是由于在中国春节期间国人整体以过节为主，贸易有所减少。3—9月期间进出口贸易稳中有升，其中9月为前十月的峰值，进口总额为3 057亿美元，出口总额为2 390亿美元，10月进出口总额出现部分回落。

1—10月出口贸易总额为27 021亿美元，进口贸易总额为21 792亿美元，贸易顺差5 229亿美元。

结论：

我国2021年1—10月进出口贸易总体发展势头良好，进出口业务经济数据稳步增长，虽然面临疫情反复和海运压力等阻力，但经济稳中有升，活力强，出口总额大于进口总额，出现了贸易顺差现象。

评估：测试你能否分析下面的数据

1. 请你根据表6－7分析一下我国2013—2022年城镇非私营单位就业人员平均工资变化。

表6－7　我国2013—2022年城镇非私营单位就业人员平均工资　　单位：元

年份	2013	2014	2015	2016	2017	2018	2019	2020	2021	2022
平均工资	51 483	56 360	62 029	67 569	74 318	82 413	90 501	97 379	106 837	114 029

2. 请你根据表6－8分析一下我国2013—2022年居民人均可支配收入情况。

表6－8　我国2013—2022年居民人均可支配收入统计表

年份	2013	2014	2015	2016	2017	2018	2019	2020	2021	2022
城镇居民（元）	26 955	28 844	31 195	33 616	36 396	39 251	42 359	43 834	47 412	49 283
农村居民（元）	9 430	10 489	11 422	12 363	13 432	14 617	16 021	17 131	18 931	20 133

主题综合练习

根据2022年我国主要城市城镇非私营单位在岗职工年平均工资及商品房平均销售价格统计表（见表6－9），计算城市城镇非私营单位在岗职工年平均工资及商品房平均销售价格的最大值、最小值、中位数、方差，并根据表中的统计量对我国各主要城市收入房价比（即在岗职工年平均工资与商品房平均销售价格的比值）进行分析。

表6－9　2022年我国主要城市城镇非私营单位在岗职工年平均工资及商品房平均销售价格统计表

地区	商品房平均销售价格（元）	城镇非私营单位在岗职工年平均工资（元）	地区	商品房平均销售价格（元）	城镇非私营单位在岗职工年平均工资（元）
北京	38 240	215 143	福州	12 381	115 549
天津	15 572	133 691	厦门	20 423	124 463
石家庄	9 925	100 943	南昌	10 335	106 663

续表

地区	商品房平均销售价格（元）	城镇非私营单位在岗职工年平均工资（元）	地区	商品房平均销售价格（元）	城镇非私营单位在岗职工年平均工资（元）
太原	9 835	105 242	济南	12 195	128 703
呼和浩特	11 072	109 513	青岛	13 946	134 405
沈阳	10 798	107 648	郑州	8 150	97 244
大连	12 506	113 945	武汉	14 048	129 004
哈尔滨	8 408	98 219	长沙	10 532	121 171
上海	40 302	217 363	广州	26 356	152 324
南京	25 768	155 183	深圳	51 580	164 754
杭州	32 522	157 205	南宁	6 680	107 581
宁波	17 165	134 567	海口	16 018	106 266
合肥	12 415	117 760	重庆	7 132	111 424
兰州	7 977	100 596	成都	14 243	120 012
西宁	8 943	118 666	贵阳	8 879	105 719
银川	8 392	122 657	昆明	9 720	118 676
乌鲁木齐	8 268	119 909	西安	14 713	121 559

资料来源：国家统计局网站-主要城市年度数据（2022 年）。

专项三

与人交流合作素质能力养成

主题七　沟通交流

活动一　学会有效倾听，明确对方需求

人们在沟通时最常见的误区是将注意力过度放在表达上，以为“能说会道”就是沟通水平高，只要把话清清楚楚地讲给别人听，沟通就结束了。然而每个人的思维方式、知识体系、过往经历等均有诸多不同之处，对方并不一定能准确理解你想要传递的信息。在与人交流的过程中，能否认真倾听、明确对方需求，是决定沟通成败的关键。通过倾听，适时表达自己的意见，配合表情和恰当的肢体语言，肯定对方的谈话价值，可有效提升沟通效率。

课前游戏：数字游戏

请听题：

有一辆公共汽车，车上有 28 个人。

到了一站上了 18 人，下了 3 人；

到了另外一站上了 5 人，下了 20 人；

然后又上了 16 人，下了 2 人；

到了另一站又上了 4 人，下了 18 人；

之后上了 7 人，下了 4 人；

到了下一站上了 2 人，下了 5 人；

最后上了 6 人，下了 10 人。

老师停下，让学生回答。学生会回答“还有 24 人”。

老师宣布：不错，现在车上还有 24 人，但是我的问题是“这辆车停了多少站?”，有人答出了吗?

讨论：有效倾听的重要性。

沟通的完整过程是：(1) 大脑产生想要表达的想法；(2) 将脑中产生的想法转换成可被表达的信息（如语言、动作、图形等）；(3) 表达给对方；(4) 对方接收信息，进行分析、翻译；(5) 翻译过的信息进入大脑，被最终理解。即想法—信息—表达→接收—翻译—理解。在这个过程中，最容易被忽视的，是双方的“翻译”过程。

目标：积极进入倾听状态，掌握有效沟通的完整过程

通过本活动的学习和训练，你将能够：

1. 掌握有效倾听的原则和基本技能。
2. 主持小规模的讨论，并围绕主题及需求参与交流。

任务：通过倾听明确对方需求，消除认知差异

在谈话中，由认知差异带来的沟通障碍，是沟通中比较难解决的类型，因为大多数人在沟通中并不能明显地察觉到双方存在认知差异。往往是 A 觉得自己讲清楚了，B 也觉得自己听明白了，大家都觉得没问题，结果真做起事来发现完全不是那么回事。所以，在倾听的过程中，理解对方的谈话重点，是消除认知差异的关键所在。

那么，当我们倾听了对方的谈话后，该如何确定自己是否真的正确理解了呢？可以采用“反馈修正”的方法来检验信息传达的准确率：

- 复述对方所表达的信息。
- 重新表达有差异的部分。
- 根据对方反馈，再次复述。
- 重复以上步骤，直至消除误差。

准备：积极倾听的原则和技巧

一、了解对方，把握重点

在倾听中，需要了解他人的意见和需求，了解他人接受你的意见、方案及响应你的主张（如参加活动、购买你的产品）的能力，了解他的性格特征。商品销售中的讨价还价，各种商务洽谈、业务谈判中的磋商阶段，都是双方了解彼此意见的过程。只有透彻了解对方的意见，才能对症下药。

二、使用不同的应答语句

使用简单的语句，如“我明白”“是的”“有意思”等，来认同对方的陈述。通过说“说来听听”“我们讨论讨论”“我想听听你的想法”“我对你所说的很感兴趣”等，来鼓励对方谈论更多内容。掌握这些技巧将帮助你成为一名成功的倾听者。要养成运用这些技巧的习惯，并将其转化为你的倾听能力。

三、以关心的态度倾听

以关心的态度倾听，就像是有一块共鸣板，让说话者能够了解你的意见和情感，同时觉得你是以一种非裁决的、非评判的姿态出现的。不要马上就问许多问题。不停地提问给人的印象往往是对方在受“审问”。总结说话者的内容以确认你完全理解了他所说的话。

四、同理式的积极倾听

首先，要克制住想表达自己的欲望，避免先入为主。具体表现为不要以“我觉得”

“我曾经”开头，试着从“你之前”“你觉得”开头。其次，恰当地引导他人表达自己，主要分为两种：开放式提问和确认式回答。开放式提问中，要多问“什么”“怎么”“为什么”，而少问“是否”“有没有”“对不对”，即多提主观问答题，而不是客观判断题。

五、掌握“倾听”的三个层次

层次一：倾听者完全没有注意说话者所说的话，假装在听其实却在考虑其他毫无关联的事情，或内心想着辩驳。他更感兴趣的不是听，而是说。这种层次上的倾听，容易导致的是关系破裂、冲突出现和拙劣决策的制定。

层次二：倾听者主要倾听对方所说的字词和内容，但很多时候，还是错过了说话者通过语调、身体姿势、手势、脸部表情和眼神所表达的意思。这将导致误解、错误的举动、时间的浪费和对消极情绪的忽略。

层次三：优秀的倾听者会在说话者的信息中寻找感兴趣的部分，他们认为这是获取新的有用信息的契机。高效率的倾听者清楚自己的个人喜好和态度，能够避免对说话者做出武断的评价。好的倾听者不急于做出判断，而是体会对方的情感。

行动：你是优秀倾听者吗?

活动：身临其境

道具准备：三张卡片

卡片 1：选择一个让你感到很幸福或者很有成就感的话题，向你的伙伴讲述两分钟。

卡片 2：当你的伙伴在讲话时，用身体语言或打岔等表示你没有认真倾听对方讲话。

卡片 3：通过你的手势、身体语言表现你对对方的讲话非常感兴趣。

活动步骤：

1. 将同学们分成两人一组，面对面坐下。分别发给 A 卡片 1，B 卡片 2，让同学们按照卡片上的要求去做，但不让对方知道自己卡片的内容。

2. 游戏进行两分钟后，A 同学将卡片 1 给 B，并拿取卡片 3。

3. A、B 两位同学按照新拿到的卡片内容，进行 2 分钟谈话。

各组完毕后，组织讨论个人的感受。

评估：请总结积极的倾听行为是什么

学完了本活动内容，现在看看你是否掌握了倾听的要点。下面请你认真思考以下几个问题：

1. 如何知道你的同伴是否在认真倾听?
2. 你的同伴是好的倾听者或不好的倾听者时，你的感受如何?
3. 你认为积极的倾听行为是什么?

活动二 区分沟通对象，掌握沟通技巧

与长辈、老师、同学和朋友沟通是大学生日常生活中的重要内容，伴随着成长，大学生的身份也会发生变化，会是丈夫或是妻子、父母，也会是下属、领导、老板等。随着身份的转变，会与不同的人打交道，那么沟通交流也会有不同的讲究。

目标：区分不同对象，掌握沟通技巧

通过本活动的学习和训练，你将能够：

1. 逐渐摆脱以自我为中心的思维方式。
2. 学会设身处地为他人着想。
3. 能够与不同对象顺畅沟通。

任务：知己知彼，顺畅沟通

要达到良好的沟通效果，就要做到知己知彼。所谓“知己”，就是了解自己的性格特征，通过训练和总结，不断提升自己的语言组织能力、口头表达能力及情商等；“知彼”就是要了解和判断对方的性格特点，懂得如何与之相处及沟通。你可以尝试以下做法：

- “知己”：通过问卷的形式收集周围人对自己的看法或建议，帮助自己准确定位。
- “知彼”：将身边的不同沟通对象大致分类，通过列表写出他们的特点，并以关键词的形式列出沟通中需要遵循的基本原则。

准备：区分对象梳理方法

一、与同学沟通

（一）互相理解，求同存异

同学们来自不同的家庭和生活环境，在价值观或生活方式上有差异是非常正常的事，要接受不一样的观点、观念和生活习惯，开放地对待他人的想法和经历，接纳他人的独特性。

（二）敞开心扉，真诚沟通

以诚实、真挚的态度对待他人，获得对方的信任和理解，进而把那些具有相同优秀品质的人吸引到自己的身边，建立无须伪装自己的轻松、愉快的社交圈。

（三）学会包容，处理情绪

不能仅以自己的标准要求别人，还应认识到自己的行为和生活方式也可能是别人不能接受和不喜欢的。因而，在发生冲突或不协调时，不能仅仅指责和埋怨对方，而要做到理解和适应对方。

二、与老师沟通

（一）摆正心态，积极沟通

既不应把老师看成高高在上的人不敢去沟通，也不能对老师完全漠视，而应以平等的姿态，积极找老师沟通，要相信老师是乐意与学生沟通并帮助学生解决问题的。老师有丰富的知识和独特的思想，与老师的每一次认真而有效的沟通，都能让我们在为人处事或者专业知识上有所收获。

（二）相互尊重，换位思考

老师尊重学生，尽力指导学生，而学生也要做到准备充分，尊重老师的时间和劳动。如果要向老师提问与课程或专业相关的问题，就应该做到上课认真听讲；如果要向老师提问关于比赛或活动方面的问题，至少要在找老师指导之前，充分了解这个比赛或活动的内容，提前想好要向老师寻求哪些方面的帮助。这样才能在与老师沟通过程中，做到高效且有条理。

（三）态度真诚，诚信第一

大学时期的学生管理与高中完全不同，要求同学们学会自我管理。老师与学生是一种相互陪伴、共同成长的角色关系，而不是敌对关系。不论是请假、咨询、求助，都要诚实守信，如此才能得到老师有效的帮助和指导。

三、与家人沟通

（一）发自内心的尊重

有的同学在家拥有家庭“帝”位，和父母说话总是很不耐烦，这种行为自然不可取。父母是长辈，是我们最亲近的人，沟通时要注意说话的语气，遇到问题要心平气和地沟通，充分尊重父母。不管父母是唠叨还是严厉，都要体会父母的良苦用心。

（二）主动增加沟通次数

很多同学到了大学，就认为自己“自由”了，很少主动与父母联系。同学们应该在重要节日主动问候父母，趁着难得的团聚时间和父母聊些近段时间发生的事，这在营造温馨的家庭氛围的同时，也能给自己解压。多点沟通，便会多点理解。

（三）讲究方式方法

很多同学对别人的态度好过对家人的态度，这样的行为也是不可取的。越是亲密关系，越要温柔相待。当出现分歧的时候，态度不能强硬，也不能为了避免争吵而选择沉默，应该正确表达自己的不同意见，让父母了解自己内心的想法才有利于沟通。如果面对面难以开口，也可尝试通过电话、微信等方式来传递信息。

四、职场中的沟通

大学生在兼职、实习及今后的工作过程中要面对上级、同事以及下属。职场环境和学校环境有很大区别，对即将入职的大学生来说，提前学习和上级、同事的沟通技巧十分重要。

（一）与上级沟通

（1）虚心接受批评，及时总结反思。工作中难免会犯一些错误，首先要虚心接受上级的批评，不能产生负面的想法。其次是正确认识问题，如果确属自己的错误，要学会从批评中吸取教训，总结改进；如果是上级的失误，或是某些特殊情况引起的误会，要学会控制和管理自己的情绪，不发生直接冲突，客观判断问题的是非，事后找合适的时间，诚恳地与上级沟通，化解其中的误解。

（2）虚心学习请教，保持感恩之心。在遇到工作难题时，积极向上级请教，学会发现上级的长处，用豁达的心胸去看待问题，时常表达感谢，对帮助过自己的上级保持感恩之心。

（3）主动协作配合，共同解决问题。上级往往是工作的主导者和分配者，在与上级的工作配合中要发挥好助手的作用，工作中要展现出良好的精神状态，摆正心态，遇到问题应及时报告反馈。跟紧并适应上级的工作节奏，找寻共同立场和观点，学会站在上级的立场上思考问题，理解上级的困难，上级遇到问题尽快做出反应，帮上级解决问题。

（二）与同事沟通

（1）容忍差异，接纳不同。每个人的背景、经历、学历、年龄、性格不同，决定了每个人的行事风格是不同的。学会接纳彼此的不同，适应他人不同的做事风格，正确对待他人未达到你要求的地方。

（2）克服傲慢，虚心学习。刚入职的年轻人有时难免心浮气躁，在工作中应虚心向前辈及同事学习，“三人行必有我师”，取长补短，共同实现团队目标。

（3）相互协作，融洽相处。工作往往需要部门与部门、个人与个人之间的协作，积极响应，主动做事，在协助别人的同时，也得到别人的支持与配合。遇到分歧时应求大同存小异，多补台不拆台。

行动：沟通训练营

有一个秀才去买柴，他对卖柴的人说：“荷薪者过来!”卖柴的人听不懂“荷薪者”（担柴的人）三个字，但是听得懂“过来”两个字，于是把柴担到秀才面前。秀才问他：“其价如何?”卖柴的人听不太懂这句话，但是听得懂“价”这个字，于是就告诉秀才价钱。秀才接着说：“外实而内虚，烟多而焰少，请损之。（你的木柴外表是干的，里头却是湿的，燃烧起来，会浓烟多而火焰小，请减些价钱吧。）”卖柴的人因为听不懂秀才的话，于是担着柴走了。

讨论：这个故事中，沟通双方存在哪些问题？如何改进？请填入以下表格：

沟通问题记录表

序号	存在问题	改进方法
1		
2		
3		

评估：你是否掌握了与不同对象沟通的要点？

学完了本活动内容，现在看看你是否掌握了与不同对象沟通的要点。下面请你思考这几个问题：

1. 你认为跟哪类人的沟通最顺畅？原因是什么？
2. 你认为跟哪类人的沟通最困难？原因是什么？
3. 面对困难的沟通对象，你认为还能做哪些改进？

活动三　运用工具与礼仪，达成沟通目的

常用的表达工具有口语、文字、符号、图形、肢体语言等，适当地选择表达工具有助于提高信息传递的准确性。如果你想向恋人表达自己的爱意，那比起给她发一条信息，面对面的表达显然效果更好；如果你打算汇报本年度销售业绩，用图形显然会比单纯的数字看起来更加直观有力；如果想要表达的信息偏感性，尽量采取口语、肢体动作、图像等方式进行沟通，更易于对方接受与理解；如果想表达的信息偏理性，选择科学性的语言，如专业术语、有精准定义的概念词汇、数字等，更有助于达成沟通目的。

同时，在沟通中，还要学习规范的社交礼仪。有效的自我表达＝词汇＋表情＋肢体＋仪表，恰当的言谈、得体的举止，可在沟通中展示良好的教养，促成会谈，给对方留下美好和值得交往的印象。

目标：根据情境正确运用表达方式，提升社交礼仪素养及能力

通过本活动的学习和训练，你将能够：

1. 在不同的场合，正确使用口语、文字、符号、图形、肢体语言等表达方式。
2. 掌握基本的社交礼仪规范。

任务：完成一次正式沟通

思考在正式沟通场合，如参加招聘会、拜访企业、拜访长者、单位联谊等，你该怎样穿、怎样坐、怎样站、怎样说话、怎样发信息和回信息？

准备：做好日常训练，并适时运用

一、表达方式的运用

（一）信息准备

在沟通之前，你必须对谈话的目的、对方的身份信息有基本的了解，做好必要的准备，拟订基本的提纲。

1. 自身的准备

提前了解此次谈话的时间、地点、性质、参与人员、目的，带好纸笔，计划好时间。

2. 对方的信息准备

了解对方姓名、职务、此次谈话的目的等。

3. 对谈话的具体内容和步骤拟定提纲

确定谈话的具体目标、交谈进度、自己的发言内容。

（二）正确运用谈话的技巧

1. 选择适当的切入角度

每个人对同一事件的观察角度是不同的，站在不同角度理解的信息可能天差地别，你必须选择一个便于他人理解并符合你想传达信息的角度。比如食堂起火，后勤管理人员第一反应肯定是哪里出了疏漏，食堂老板会想财产有没有受到损失，而学校更加关心人员有没有出现伤亡，这就是不同角度带来的差异。

2. 安排适当的信息传递顺序

即使是相同的信息，采用不同的叙述顺序也会给人不同的感受。根据不同的目的，可采取不同的表达顺序：

通知：先阐述结果，再补充原因。

说服：先从延伸话题开始，引导对方理解与赞同，取得共识后，再通过感情相似或逻辑相似的方式回归正题。

吸引：先抛出完整信息中引人注意的片段，再从细节引申到整体。

安慰：先复述对方的想法或观点，安抚情绪后，再用准备好的具有情绪相似性的信息转移对方注意力，最终引导对方自行表达出要传达的核心信息。

3. 区分客观事实与个人感受

保持客观、真实，避免夸大或扭曲信息；

剥离个人的主观情绪，只阐述事实；

避免使用形容词；

表达尽可能地简洁、清晰、直观。

二、社交礼仪

（一）面对面社交礼仪

1. 形象礼仪

打造良好的仪容仪表，充分利用首因效应，给别人良好的第一印象。注重自己的个人卫生及服饰搭配，注意环境、场合对人的着装要求，使自己的穿着打扮与时间、地点、目的保持协调一致。

2. 言语礼仪

态度友好，善用礼貌用语。礼貌是对他人尊重的情感的外露，人们对礼貌的感知十分敏锐。沟通中，多用敬语、雅语、谦语。比如，多用“您”“我们”，避免用一连串的“我”，多用“请”“谢谢”“对不起”等。

慎用简略语、专业术语。与非同行业人士沟通，尽量使用常规术语，不使用行业专业术语和简略语；与年长者沟通，尽量不用网络流行语。

3. 行为礼仪

举止：落落大方，端庄稳重。

站姿：挺胸、收腹，身体保持平衡，双臂自然下垂。忌：歪脖、斜腰、挺腹、含胸、抖脚、重心不稳、两手插兜。

坐姿：端正，不频繁转换姿势，不东张西望，不前后摇晃。

表情：面带微笑，表情自然诚恳。

眼神：自然放松，真诚地注视对方，但勿一直盯着对方。

声音：柔和，语速稳定。

（二）网络社交礼仪

互联网的飞速发展，使得网络社交逐渐成为大家日常社交活动的主要途径，伴随着传统社交方式向网络社交方式的转变，在网络社交中也自然而然地形成了符合网络社交的礼仪。

1. 不随便发语音

能打字尽量打字，特别是汇报工作或者有其他重要且复杂的事项需要和他人沟通时。如果对方在开会或者在上课，很可能不方便听语音，而文字总是一目了然，也节省阅读时间。这样做既能够准确地表达自己的意思，也是尊重对方的表现。

2. 不随便发起语音或视频通话

与对方发起语音、视频通话时，首先要确认对方是否方便，以防突然的语音或视频打扰到他人生活。

3. 正确使用语句和标点

在表达的内容中，注意用语规范和标点符号规范，方便他人阅读。如果表达的内容有连续性，可加上序号，注意空格。简单的排版让阅读体验更舒适。值得注意的是，在发信息时，不要总是问别人“在吗?”，而应直接阐述自己的问题和需求，待对方空闲时回复。在回复他人时，尽量不回复“呵呵”“哦”“嗯”等语气词，而是应该回复明确的内容，比如“好的，我已经知道，接下来将如何”，“明白，我将根据这个，调整……”。

4. 巧用表情符号

聊天时适当加个表情符号，会让人产生亲近感，更直观地表达自己的情绪，活跃聊天气氛。但是，发表情要适度，也要区分对象，不能一味使用表情包或开启斗图模式。

行动：沟通训练营

如果学院派你作为学生代表参加“校长面对面”访谈活动，请思考：

你首先应该做哪些准备?

在与校长的谈话中应把握什么原则?

你自己应该说些什么?

谈话中你怎么去应变?

评估：你在沟通中是否大方得体？

学完了本活动内容，现在看看你是否掌握了正确使用沟通方式和礼仪的要点。下面请你思考这样几个问题：

1. 在穿着打扮方面还有哪些可提升的空间？
2. 在言行举止方面还存在哪些问题？
3. 在沟通中是否存在一些多余的肢体语言？
4. 为给他人留下良好的印象，有哪些需要注意的事项？

主题综合练习

模拟校园招聘求职活动，同学们以求职者身份参加招聘会，从穿着打扮、言行举止、沟通交流等方面进行综合考评。

主题八　当众发言（演讲）

活动一　了解演讲程序，拟定演讲提纲

人并不是天生就能演讲，而是需要不断地练习和积累。演讲的四个阶段一般是：怕讲、敢讲、能讲、会讲。只有一步步练习，才能不断进步。要迈出第一步，就要克服“怕讲”的心理障碍，而拟定好演讲提纲，设计好演讲内容，就能有效地帮助你调适紧张情绪。

目标：梳理演讲全过程，做好准备工作

通过本活动的学习和训练，你将能够：

1. 掌握演讲前的基本准备程序。
2. 独立拟定演讲的提纲和内容。

任务：分解演讲各阶段的具体任务

假如你现在要在学院学生会年度总结表彰大会上发表演讲，请梳理各个阶段的具体任务和准备重点。

准备：做好演讲准备，梳理重点及关键

一、思考——演讲的目的

第 1 步 了解观众，他们为什么要听你的演讲

这次会议是学院内部会议，观众是学院的老师及同学，在脑海中勾勒出他们的形象，想象他们感兴趣的事情。

第 2 步 确定目标，你要达成什么目标

这次会议主要总结过去一年的经验和做法，并对未来一年的工作作出计划和安排。希望观众了解这些信息，认可学生会过去一年的工作，并希望大家在今后的工作中继续给予支持。

第 3 步 设置环境，你如何达成目标

会议的规模、时间、场地、辅助手段等。

二、逻辑——你会说些什么

第 4 步 选择关键内容，保留核心观点

先通过发散思维或者用头脑风暴的方式，把你想说的内容一一罗列出来，摒弃无关信息，保留最核心、最具说服力、最能实现你目标的信息。

第 5 步 写出导语，聚焦主题

通过开场白将观众的注意力从别处拉到你要讲的主题上来，并将演讲主题聚焦于会议主旨。

第 6 步 搭建结构，前后逻辑一致

以总结表彰大会为例，可以采用“赞美/感谢＋回顾/总结＋展望/计划”这样的公式来搭建大致的结构，保证主题突出、逻辑一致。

三、故事——你如何让演讲紧扣人心

第 7 步 插入亮点，为信息添光加彩

在故事中使用图片、例子、轶事趣闻、类比、比喻、情绪、引用、体验、提问、幽默、数据等，让自己的演讲更有画面感，从而引起共鸣。

第 8 步 运用画面，让观众记忆深刻

画面能减轻人们的认知负荷，能够激活记忆并加快我们的决策过程，精心挑选与演讲主题相关的画面，如学生会团队克服困难的工作照等，唤起观众记忆。

第 9 步 串出大纲，将这些内容整合成一个连贯的故事

先写出开头、中间和结尾。开头部分就是开场白，可以用 SCQA 方法，即情境—冲突—疑问—回答，顺序可以调换，也可以根据情况省略疑问。中间部分就是故事的主体，我们可以通过有规律的重复稳定一段记忆。结尾部分必须简短，重复关键信息，方便人们记住，还应该呼吁一个行动，明确要求观众采取行动，或是作出承诺，或是唤起他们强烈的感受。

四、媒介——如何强化故事

第 10 步　制作幻灯片，越少越好

根据演讲的实际需求来决定是否使用幻灯片。如有必要，幻灯片应尽可能用形象化的语言展示，它们应该是图表、图像、视频等，内容设计应尽可能简洁清晰，不要设计太多张数，尽可能减少观众的认知负荷。

第 11 步　加入文件，重复关键信息

根据演讲的需要，可以在会前发放一些资料，补足观众的认知差距，或者在演讲结束后分发讲义等。

第 12 步　一切就绪，准备面向观众

正式演讲前，至少安排 3 次自我练习和 1 次预演，在克服演讲紧张的同时，熟悉灯光以及道具。如此，内心方能更加踏实，正式上台也会呈现出更好的状态。

行动：即学即练，由易到难

请写出学生会年度总结表彰大会演讲稿的提纲，并列出需要准备的道具或资料。

评估：你是否掌握了演讲提纲的撰写流程？

学完了本活动内容，现在看看你是否掌握了演讲提纲撰写的流程。下面请你思考以下几个问题：

1. 在拟定演讲稿提纲时，你遇到了哪些问题？是如何解决的？
2. 你是如何选用演讲中的故事的？
3. 你认为自己的演讲提纲逻辑严密吗？

活动二　设计演讲内容，保持层次清晰

通过上个活动 4 阶段 12 步骤的学习，我们掌握了一场正式演讲的全部流程。但是，在现实生活中，并不是所有步骤都要使用，我们可根据场景和目的进行选择。但无论如何，演讲内容的设计都是整个演讲的核心，是必不可少的。同一演讲主题，有的演讲稿文采斐然，引起观众共鸣，令人印象深刻；而有的演讲稿平平无奇，开场便让观众失去耐心和兴趣。因此在设计演讲内容时，必须清楚演讲的主题、目的、立场和观点，也要明确演讲的场合，观众的需求和喜好，从大家共同的情感和经历入手，这样才能突出主题。

目标：学习如何撰写一份演讲稿

通过本活动的学习和训练，你将能够：

1. 独立撰写一份演讲稿；
2. 学会丰富演讲内容，突出演讲重点。

任务：撰写演讲稿，思考如何切入听众

请结合上个活动中学生会年度总结表彰大会演讲稿提纲，撰写完整的演讲稿，并思考如何紧扣主题、突出亮点。

准备：丰富内容、体现层次

一、开场白的设计

开场白的目的：拉近距离、建立信赖、引起兴趣。

开场白的设计可采用 SCQA（即情境—冲突—疑问—回答）方法，可采用开门见山、巧问问题、制造悬念、讲个故事、做个活动、引用名言、列举事实、赞美听众等方法烘托气氛。

二、演讲内容的设计

一般而言，大多听众都不喜欢大道理式演讲，不喜欢演讲者源源不断地向其灌输理论知识，所以，在内容设计时使用一些技巧，更易于听众接受。

（一）技巧一：使用数字

提问：假如以下是 ABC 公司的简介，你认为哪种效果更好呢？

例 1：ABC 集团的规模非常大，在很多国家都有分公司，并拥有很多雇员。

例 2：ABC 集团是世界第二大重型卡车和大型客车制造商，第三大建筑设备的制造商。在 19 个国家设有生产基地，并在 180 多个市场从事经营活动，全球雇员约 90 000 人。

很明显，例 2 更加具体和有力地表达了 ABC 集团的实力。这就是数字的力量。数字是个很神奇的工具，它可以让内容量化和具体化，提升内容的可信度。人们通常对数字比较敏感，使用数字也增加了演讲的严谨性。

（二）技巧二：类比

类比是演讲中常用的技巧，即用一个事物去说明另外一个事物。

举例：龙永图是中国加入 WTO 谈判的首席代表。他善于使用类比来说理论道，令话语趣味盎然，非常精彩。有一次，龙永图演讲完毕，一位老人挤到他跟前，困惑地问："我搞了一辈子外贸，从来没觉得加入世贸组织有啥好。何况，入世后，会发生贸易摩擦，这对咱们有什么好处？"龙永图为了让老人听明白，用了类比来回答：国际大市场就像菜市场，以前咱们中国贸易量很小，就像是一个卖小菜的个体户。今天担着白菜卖卖，明天

担着萝卜卖卖，看见税务局的人来了就跑，生怕要缴税。那些大户一看，对他们的生意没多大影响，就算了。可现在，中国的贸易量越做越大，再不加入世贸组织的话，就出问题了。加入世贸组织以后，我们就成了市场里一个固定的客户，在整个市场中就有了身份，合法权益就会受到保护。

在这个例子中，龙永图用老人能听懂的菜市场做类比，将专业内容讲得深入浅出，令人印象深刻。

（三）技巧三：讲故事

演讲中讲故事有三大好处：一是故事有丰富的画面感，能够让听众看见；二是故事有跌宕起伏的情节，能够引发听众的情感共鸣；三是故事里面有人物，听众会更加有代入感。

人们天生就喜欢听故事，因为故事更加生动有趣。演讲中，你需要把数据和道理放在第二位，先去想如何设计一个走心的故事。

举例：我们先看看西游记在每集是怎么讲故事的。师徒一行四人前去西天取经，突然遇到一个村庄，四人进到村庄，结果师父被妖怪掠走了，孙悟空想去救师父，但是却打不过妖怪，无奈之下去请救兵，救兵到，妖怪现原形，师父被救。师徒一行四人再次出发。我们发现把西游记每集故事的情节提取出来，都会有如下元素：

问题：师父被妖怪抓走。

转折点：孙悟空去请救兵。

改变：孙悟空再战妖怪。救兵现身，将妖怪收走。

引出观点：懂得利用人脉资源化解危机。

这就是讲故事的四步法：问题—转折点—改变—引出观点。

三、结尾的设计

（一）六种实用模式

常用的结尾模式有以下六种：总结式、号召式、故事式、幽默式、诗词式、对联式。

（二）设计原则

结尾处的设计要将演讲稿的精髓凸显出来，要让听众迅速明白本场演讲的价值。内容要简明扼要，升华主题，展现价值。

行动：体会方法，加强练习

行动 1：

同学分组，4 人一组，根据前面的讲故事四步法，每人选用一个三句半的故事接龙来练习讲故事。

第一个小伙伴说：很久以前……

第二个小伙伴说：直到有一天……

第三个小伙伴说：后来……

第四个小伙伴说：这个故事告诉我们……

结束后，评价自己的应变能力，并总结自己的故事设计中存在的问题。

行动 2：

观看罗振宇 2023 年跨年演讲《时间的朋友》，列举该演讲中令你印象最深刻的 2 个故事，分析故事设计运用了哪些方法。

评估：你的演讲稿是否符合演讲要求？

学完了本活动内容，现在看看你是否掌握了演讲稿的撰写要点。下面请你思考这样几个问题：

1. 你认为写演讲稿与写作文有何区别？
2. 你认为一篇好的演讲稿需要具备哪些要素？
3. 你认为你的演讲稿内容能抓住观众的注意力吗？
4. 你认为你的演讲稿内容能引起观众的共鸣吗？
5. 你认为自己的演讲稿还有哪些地方可以改进？

活动三 掌握即兴演讲技巧，自信发言

生活和工作中，我们总是免不了毫无准备的当众发言或即兴演讲。比起有准备的演讲，即兴演讲的难度要大得多。许多人常常因为紧张，讲话磕磕巴巴，语无伦次，尴尬收场。

上台自我介绍、同学聚会、群体面试、工作述职等多种场合，都需要你具有即兴发言的能力。

目标：快速搭建发言提纲，逻辑清晰

通过本活动的学习和训练，你将能够：

1. 掌握即兴演讲的内容框架。
2. 掌握 1～2 种即兴演讲技巧。
3. 把握即兴演讲的内容，做到主题突出，内容层次清晰。

任务：自我介绍

请同学们依次上台做 1 分钟自我介绍。

- 你在 1 分钟之内能讲多少个字？
- 是否让别人记住了你？
- 你认为哪位同学的自我介绍给你印象最深？

自我介绍模板如表 8-1 所示。

表 8－1　自我介绍模板

模板一	能力＋经验＋性格
模板二	3W 法则（我是谁＋我从哪来＋我能提供什么价值）
模板三	STAR 法则：情境（situation）、任务（task）、行动（action）、结果（result）

准备：了解即兴演讲的要点

一、快速进入状态，做好应对

当众发言之前，我们要利用一切可以利用的时间，快速思考，在自己的大脑里面迅速搭建起说话的大纲。比如，走上台的这段时间，还没有上台开始讲的这段时间，开场说客套话的时间，等等。

上台时，可以先讲一个故事开头，或表达感谢，或总结上一位讲的内容，为自己快速构思、搭建说话的框架做准备。也可以通过提问来开头，引发听众的思考，吸引他们的注意力，然后自己快速整理思路。

二、学习“套路”，积累模板

（一）黄金三点法

三点式的结构，可以让我们在大脑中快速搭建框架，说话有逻辑、有条理。比如，讲三个要点：第一点，第二点，第三点；首先，其次，再次；过去，现在，未来……

（二）故事观点法

通过故事、案例、场景引出你的观点。故事可以是你的亲身经历、身边的故事，也可以是看到的新闻、热点。有趣、有共鸣感的故事能够有效地吸引听众的注意力，让他们随着你的节奏，听你说下去。

（三）总分总法

这也是表达的时候常用的一个套路，先抛出自己的观点，中间展开论述，最后做总结，升华主题。另外，平时注意积累一些常见场合的说话框架和套路，针对一些可能遇到的场景，在网上先搜索学习，如自我介绍模板、工作汇报模板等。平时做好这些功课，真正即兴发言的时候就能够快速地帮到你，让你减少思考，说话不卡壳，流畅地表达。

三、保持微笑，目光接触，丰富表情

保持微笑，声情并茂，丰富面部表情，肢体动作有感染力，可以模仿一些表情和肢体语言丰富的演讲高手。

善于借助手势表达，可以帮助我们增强表达的效果，手不要一动不动，或者频繁乱动，可以把手置于身前，跟着演讲内容比画，让表达更生动有趣。

我们可以通过拍短视频来进行训练，通过短视频能够非常直观地看到自己的表情、肢

体动作等。

当台下人多的时候，可以把下面的听众分成几个区域，然后目光轮流在这几个区域交替。

四、把握机会，敢说敢讲，日常模拟

其实，很多让我们觉得恐惧的事情，在多次尝试以后，你会发现并没有想象的那么可怕，甚至于到后来你都能够熟练地操作起来。

日常讲话的时候要注意有逻辑、有条理，把每一次说话当成一次上台演讲，把它当成一个自我训练的机会。

台上一分钟，台下十年功。积极抓住每一次当众讲话的机会。平时多做训练，训练自己对说话时间的掌控能力。可以通过计时，了解自己一分钟大概讲多少内容，两分钟大概讲多少内容。

你也可以开个直播来做训练，通过录像和观众的反馈，你会很容易发现自身的一些问题，然后有针对性地通过专项训练提升自我。

行动：掌握技巧，开展练习

请你主持一次班级联谊活动，并就如何鼓动观众鼓掌，写出 5 条不同的鼓掌话术。

评估：你是否掌握了即兴演讲的技巧？

学完了本活动内容，现在看看你是否掌握了即兴演讲的技巧与要点。下面请你思考这几个问题：

1. 即兴演讲最困难的是哪个环节？
2. 为做好即兴演讲，平时需要做哪些积累？
3. 如何在日常生活中提升即兴发言的能力？

主题综合练习

参照以下选题开展 5 分钟即兴演讲，并进行小组评分。一个同学在演讲时，其他同学将其过程拍摄成视频，自己通过视频回放，分析在演讲过程中的表现和存在的问题。

《如何履行青年的当代责任》

《职业教育大有可为》

《青春之我与青春之中国》

……

在活动中，投票选出最佳演说选手，分析他的特点与技巧。

演讲比赛评分表

序号	姓名	演讲内容（40分）		现场表现（60分）			得分
		内容完整、充实、具体，围绕主题，观点正确、鲜明（20分）	逻辑清晰，结构严谨，构思巧妙，引人入胜（20分）	现场氛围带动好，演讲声情并茂，富有表达力、感染力（30分）	表达准确、流畅、自然，吐字清晰，声音洪亮，语速恰当（15分）	着装整洁、大方得体，肢体语言自然得体（15分）	
1							
2							
3							
4							

主题九　书面表达

活动一　掌握应用文体，注意行文格式

行政公文是在管理国家、治理社会的公务实践中使用的具有法定权威和规范格式的应用文。它是特殊规范化的文体，具有其他文体所没有的权威性，有法定的制作权限和确定的读者，有特定的行文格式、行文规则和办理流程。作为大学生，应当掌握基本的应用文体。

目标：掌握行政公文的文体与格式

通过本活动的学习和训练，你将能够：

1. 掌握行政公文的种类和基本写作规范。
2. 根据工作任务需要撰写请示、报告。

任务：学习行政公文基本文体和写作格式

公文在党政机关、人民团体和企事业单位实施管理、处理公务、沟通信息、联系事务、传达决策等事务中发挥着越来越重要的作用。公文的基本体例、写作规范、表达方式也从较为固化、模板式的传统模式，向科学化、规范化、制度化、多样化的模式开始迭

代。本活动的任务就是要学习行政公文的基本文体和写作格式。

准备：了解公文的基本特点和常见格式

一、什么是公文

公文是公务文书的简称，它是国家机关在行政管理过程中为处理公务而按规定格式制作的书面材料。公文的种类主要包括：决议、命令（令）、议案、决定、公报、公告、通告、通知、通报、报告、请示、批复、意见、纪要、函等。

二、行政公文的格式

行政公文的写作有固定的格式与要求。一份完整的行政公文一般由三个部分组成，即版头、主体、版记。其中，主体部分尤为重要，它包括：标题，主送机关，正文，附件说明，发文机关署名、成文日期和印章，附注，附件，是行政公文的核心部分，也是写作的一个难点。下面介绍标题、主送机关、正文的写法。

（一）标题

1. 规范式

一般用于正式、重要、庄重的公文。分三部分，即发文机关＋事由＋文种。

2. 灵活式

一般用于非正式或带周知性的公文。分两部分或只用文种：发文机关＋文种；事由＋文种；转发＋始发机关及原通知标题；文种。

（二）主送机关

机关名称要准确、清楚，简称要规范、无歧义。

（三）正文

1. 缘由

交代行文的依据、背景、目的、作用和意义，根据需要可简要叙述有关事宜的时间、地点、人物和要求等，常用表达方式为：“根据……”“日前（当前）……”“为……”。

2. 事项

常用的表达方式有并列式和递进式，可根据所述内容选择其一，也可交叉使用。使用过程中注意把逻辑理顺、观点讲清，突出重点、把握主次。

（1）并列式。一般表达的是独立存在的事实、案例，各部分内容相对独立，没有紧密联系，但其从不同的角度共同为主旨服务。表达过程中加强归纳提炼，把内容一致的信息归纳为一个高度集中的信息点，防止出现同类信息分项列举的情形。

（2）递进式。从纵向和动态视角表达事实发展变化过程，其逻辑严密、变化有序，表达过程中要把握具体演变规律和事实逻辑。

3. 结尾

常见三种收尾方式：一是发出号召倡议；二是采用专用语，如“妥否，请批示！”“特此通知”等；三是省略结尾。

三、实操举例

在本节中，我们重点介绍报告和请示的特征与写作规范。

（一）怎样写报告

报告是适用于向上级机关汇报工作、反映情况，答复上级机关询问的一种行政公文。

1. 特点

（1）应用广泛性。报告属于上行公文，应用十分广泛。可以用于定期或不定期地向上级机关汇报工作、反映情况；也可以答复上级机关的询问；还可以用来向上级机关陈述意见，或对某些问题提出建议。

（2）真实客观性。内容真实客观是报告的最大特点。撰写报告必须将真实客观放在第一位，确保报告中的信息、数据准确无误。

（3）行文单向性。下级机关通常在事中或事后向上级机关呈递报告，通过书面报告让上级机关掌握情况。报告内容一般不需要上级机关作出批复。

（4）内容既定性。报告内容都是已形成的事实和完成的工作任务。部分有关对问题、事实的看法，也是依据客观事实归纳总结的。

（5）表达陈述性。报告是实事求是说明情况、反映问题。其表达方式多为叙述和说明，同时会伴随很多的数据和分析图表。

2. 分类

从广义上讲可分为两大类：一类是法定公文，另一类是非法定（事务）公文。法定公文是指《党政机关公文处理工作条例》所规定的报告，包括工作报告、情况报告和答复报告；非法定的公文，即事务公文，多指出现报告字样的事务性公文，包括工作报告、情况报告、述职报告、检验报告等。

3. 写作要求

报告的撰写主要遵从以下几点：一是观点鲜明，让人读完即知，不能含含糊糊、模棱两可；二是只客观反映情况、报告事实，不对有关情况进行请示；三是所报情况、内容或数据分析真实客观，用词准确恰当。

（二）怎样写请示

请示是常用的上行文，是用于向上级机关请求指示、批准的一种行政公文。

1. 特点

（1）请求性。带有很强的意愿和要求，就某一问题或事宜等待上级的明确意见和答复。

（2）唯一性。一份请示只能就一个事项、一个问题或一种情况进行请示，不可以在一份请示中提出多个事项。请示对“一事一请”的要求最为严格。

（3）针对性。请示的针对性很强。必须是本机关没有政策依据、没有审批权限或没有解决能力的重要事项，才能用请示行文。不能事无轻重、频繁向上级请示。

（4）时效性。请示所涉及的问题或情况，多为重要、紧急、困难的，要第一时间向上级请示，以免耽误时机。

2. 写作要求

（1）不越级或平级请示。请示事项要根据管理权限逐级请示，不能跳过直接上级请示。需要平级会商、会签的事务也不能请示，应使用“函”。

（2）不应多头请示。请示主送机关只能是一个，若请示事宜需上级机关协商的，由主送机关根据业务向其他上级机关协商后再回复。

（3）向组织请示。请示内容及行文均要向上级组织请示，不能向上级组织的某一职务或领导请示工作。即请示抬头只能写组织。

（4）明确请示。请求指示的内容和相关意见、措施要明确，切忌出现请示事项模棱两可或不提具体要求的情形。

（5）实事求是。请示内容客观翔实，理由充分，便于上级组织研判分析。

3. 请示与报告的区别

从公文办理看：请示是“办件”，要求上级机关予以批复；报告是“阅件”，供上级机关参考，不需回复。

从内容上看：请示强调“一文一请”，内容单一、篇幅短小；报告设计内容广泛，篇幅可长可短。

从行文要求看：请示的主送机关只有一个，报告的主送机关则没有严格要求；请示有相对固定的结束语，而报告的结束语则较为多样。

从行文时机看：请示要在事前行文，待上级明确批复后执行；而报告则在事后行文，也可根据情况在事前、事中行文。

行动：请示、报告撰写

行动 1：撰写工作报告

爱国卫生“七个专项行动”开展以来，××学院富有成效地开展了很多工作，取得了一定的成绩，请根据提供的材料，撰写一份工作报告，报送学校。

1. 该活动得到学校团委及各二级学院的大力支持，师生参与积极性高。

2. 活动的主要做法有如下几点：一是加强组织建设，形成有效的工作领导小组，学院书记任组长，分管卫生的副书记任副组长，各班班长任组员。二是制定工作实施方案，对工作组织、过程管理、落实奖罚等方面进行明确。三是营造良好的活动氛围，开展各种宣传、评比、志愿服务活动。

3. 取得的成效：新建公共洗手台 200 余个、公厕 10 个、垃圾桶 500 个、垃圾处理厂 3 个，改造卫生设施 1 000 余处。开展爱国卫生“七个专项行动”志愿服务 60 次，选拔志愿者 100 名，等等。

4. 存在的问题主要有三点：一是师生的积极性不高，自觉意识不强；二是公共设施硬件配套和责任管理机制不全；三是管卫生、保民生同步落实举措不多。

行动 2：撰写请示

新学期开始了，你所在社团准备在 9 月初开展一次社团招新活动，请你就此事向学校团委呈报一份请示。

行动 3：案例评析

请结合所学内容分析以下文本存在的问题，并加以修正。

关于举办第一届青年文化节的请示报告

××团委书记：

为进一步加强我区青年人才交流，搭建青年交友、求婚、共事平台，经研究决定，我区将在 6 月中旬组织第一届青年文化节，具体活动方案见后文。同时请领导为我区招聘 3 名工作人员。

请领导批准。

共青团××区委（公章）

202×年 2 月 20 日

评估：你能独立完成报告和请示的撰写吗？

学完了本活动内容，现在看看你是否掌握了报告和请示的撰写要点。下面请完成以下两项工作：

1. 小组评估：以小组为单位，在同学面前讲述你的写作过程，并展示你的写作文稿，请小组同学为你打分（见表 9－1）。

表 9－1　评估表

标准	优	良	中	差
选择的文体合适得当				
所写内容与任务相符				
行文规范，表达准确凝练				

2. 自我评估：根据所学内容，准确把握“报告”和“请示”的区别，填写表 9－2。

表 9－2　评估表

内容	报告	请示
行文目的	单向呈报	双向呈请
行文要求		
公文办理		
行文时机		

活动二　掌握表达技巧，行文准确规范

规范的应用文书写作，除了选择恰当的种类和行文格式，科学组织和利用材料外，还需掌握基本的写作技巧。主题突出、观点明确、结构合理、布局恰当、表达准确、语言丰富也是一篇优秀应用文必备的基本要素。

目标：掌握表达技巧，行文准确规范

通过本活动的学习和训练，你将能够：

1. 掌握基本的表达技巧，准确恰当表达观点。
2. 掌握简报和纪要的写作方法。

任务：掌握公文写作的基本技巧

公文有很强的体例规范和写作要求，要想得心应手地撰写公文，就需要根据公文行文规范不断地训练实践，同时不断总结经验，形成自己的特点。请结合不同公文体例，总结公文写作的技巧。

准备：如何运用写作技巧

一、公文写作基本技巧

（一）主题突出，立场鲜明

公文的主题就是贯穿于全文的行文目的和写作意图。主题在公文构思中起着“统率”作用，决定了材料的取舍、详略，决定了结构的划分与顺序，甚至决定了标题的撰写。清晰的主题应具备三个条件：

（1）表达准确。主题要符合上情反映下情。即对上要符合党的路线、方针、政策和法律、法规、有关会议精神，对下要反映群众观点，符合客观实际。

（2）观点集中。每一篇公文只有一个主题，集中阐述一个基本观点。选取的多个素材和案例或若干组数据都必须为核心观点服务。

（3）立场鲜明。公文是为推动某项工作、落实某些任务而服务的，在阐述观点时必须旗帜鲜明地表明立场和态度，不能含糊其词。

（二）条理清晰，结构严谨

1. 层次和段落

一篇公文最起码的要求是层次清楚，段落分明。

所谓层次，是指公文主题的表达次序和结构分布。常见的有总分式、递进式、时序式。

（1）总分式：开始先作总的概括、论述，接着分别展开叙述，最后形成小结。分别叙述的各层次间有一定联系，形式上是并列的。报告、指示性通知和奖惩通报等文种常用这种结构。

（2）递进式：各层次内容层层推进，前后有一定关系。情况通报等文种常用这个结构。

（3）时序式：也叫贯通式，即按事物发展进程的时间顺序进行安排。情况报告常用这个结构。

以上是几种常用的层次，值得说明的是，基本功过硬的作者一般都是几种层次交叉使用。合理、科学的层次在于根据需要娴熟地安排结构，而不是简单地套用某一结构。

段落也叫自然段，是公文结构的基本单位。可根据中心意思（主旨）、内容安排和时间发展来安排段落，同时尽量减少超篇幅的大段落存在。

2.过渡和照应

过渡：就是上下文之间的衔接和转换。公文写作中有两种情况需要过渡：一是内容转换时需要过渡；二是结构由总括到分述时需要过渡。过渡有过渡词、过渡句和过渡段三种。过渡词主要有：于是、就、因此、总之、可是、由此可见、综上所述，等等；过渡句一般用在总括段的末尾，例如：现将具体情况报告如下，现将有关事宜通知如下，等等；过渡段是将过渡句提出来单设一个自然段，以表示阐述内容明显进行了转换。

照应：就是公文内容前后要有关照和呼应，有首尾照应、前后照应、题文照应三种。

3.开头与结尾

开头与结尾是公文提高注意力和影响力的起跑点和共鸣处。好的开头直抵人心、引人注目，好的结尾往往容易引起共鸣，凝聚很好的精气神。在撰写开头与结尾时要干净利落，形成力量感。

（三）表达规范，信息精准

公文是用于传达信息、布置工作、安排任务、体现关怀、反映情况的，这就要求公文表达必须严谨务实，表达是否规范、引用是否正确、信息是否精准直接影响公文的执行力。“绕路”表达，“之乎者也”“大概一般”以及容易产生歧义的语句都是公文表达的大忌。

二、简报和纪要的写法

（一）怎样写简报

1.简报的概念

简报是机关、团体及企事业单位为反映情况、传递信息、交流经验、揭露问题，编发的简明扼要的文书，也叫“简讯”“动态”“内参”。

2.简报的特点

（1）时效性。简报具有一定的新闻性，因此要求第一时间编印、送达传阅。

（2）真实性。简报所包含的内容要真实、准确、客观，不能随意拔高或缩小。

（3）简明性。简报一般内容简短，表达简练，便于快速阅知。

（4）独特性。简报所反映的情况、总结的经验、传达的信息只有独特新颖才能引起读者的注意。

（5）限制性。简报提供的内容一般有严格的阅知范围，特别是涉密的内参。

3.简报的分类

简报按其性质和用途一般分为工作简报、会议简报、专题简报和动态简报。

工作简报是反映某单位、部门日常工作情况的经常性简报，多为定期编发；会议简报是会议期间反映讨论情况、重要决议的简报，多为按需编发；专题简报是就某项工作的进展、动态、问题、经验等，及时总结编写的简报，多数根据工作需要编发，实操性较强；动态简报是就最新发生的事宜进行通报、告知的简报，多为新闻简讯。

（二）怎样写纪要

纪要是反映会议基本情况和精神的纪实性公文，是会议议定事项和重要精神的书面文本体现。需要有关单位或部门执行的纪要，通常还以通知形式下发。

1. 纪要的格式

纪要通常由标题、正文、主送（抄送）几部分组成。

标题有两种撰写方式：一是会议名称加纪要，如“全国职业教育工作会议纪要”；二是召开会议的机关名称加会议内容加纪要，如“××省发改委关于农产品定价工作会议纪要”。

纪要正文通常由两部分组成：一是会议概况。主要包括会议名称、时间、地点、主持人、与会人员、基本议程等。二是会议精神和议定事项，有时根据需要还会增加议事意义、经验和工作要求。

2. 纪要的特点

（1）内容纪实性。纪要需如实反映会议内容，不能离开会议实际搞创造、讲发挥、看文采，所写内容均要符合会议本来的决议和精神，以求实事求是，力求原汁原味。

（2）表达要点性。纪要是依据会议情况和会议记录进行再提炼的文书写作，行文要围绕会议主旨和会议成果进行整理、提炼和概括。重点介绍会议成果和重要决议，而不能面面俱到地记录会议过程。

（3）称谓特殊性。纪要一般用第三人称。由于纪要反映的是与会人员的集体意志和集体决策，故常以“会议”作为表述主体。如“会议认为”“会议表示”“会议决定”“会议强调”“会议要求”“会议号召”等。

3. 纪要常见写法

根据会议性质、规模、议题等不同，纪要有如下常见写法。

（1）集中概述法。把会议的基本情况、讨论研究的主要问题、与会人员的发言及议定的有关事项，用概括叙述的方法，进行整体阐述说明。这种写法多用于讨论较为单一、意见统一的小型会议。会议议题较多时，可以逐条分列。

（2）分项叙述法。适用于会议规模大、议题多的情况。一般把会议内容分成几个部分或几个大项进行阐述。

（3）发言提要法。把会上具有典型性、代表性的发言加以归类整理，提炼出内容要点和精神实质，然后根据内容或发言顺序分别进行阐述。侧重于意见征求、了解与会人员观点的会议可采用本办法。

4. 纪要与会议记录的区别

纪要在写作方式、使用功能、文书性质等方面有别于会议记录。

写作方式上：会议记录力求完整、翔实地记录会议召开情况；纪要则是根据会议记录和会议实况，进行归纳式要点写作。

使用功能上：会议记录一般不作传阅，是存档备查用；纪要通常在一定范围内进行传阅，并执行有关要求。

文书性质上：会议记录是会议发言、讨论实录，属事务文书；纪要是法定行政公文，执行严格的行文规范。

行动：撰写简报

请为学校“525”心理健康日的活动，写一份活动简报。

评估：看看你学得怎么样

1. 以小组为单位，在同学面前讲述你的写作过程，并展示你的写作文稿，请小组同学为你打分。

2. 请结合本主题所学内容，想一想简报的基本写作要领，准确把握会议记录和纪要的区别。

主题综合练习

下面是学校某部门负责人的述职报告，请结合本主题所学内容分析该述职报告有何优点，存在什么问题。

××××年述职报告

尊敬的各位领导，各位老师：

大家下午好！

在部门发展的特殊拐点上，我接过部门主要负责人的接力棒，延续历届负责同志的优秀传统，继续下半程的奔跑。在各位同志的鼎力支持帮助下，克服没班子、缺人手的困难，团结同事，凝心聚力为学生解难事、办实事。全年工作有序推进，部分项目略有突破。根据有关工作安排，现围绕德、能、勤、绩、廉等方面，将本年度的工作情况报告如下：

一、坚持常态学习，勤学乐学有效学

以学习明理、学习增信、学习赋能、学习守纪、学习养德为目标，常态学原著、悟真理。

一是全面学习，多种实践。深入学习习近平新时代中国特色社会主义思想和马克思主义大众化、时代化有关著作及理论文章，并围绕工作和业务进行实践。申请乡村振兴相关外观设计专利 1 项。个人署名文章先后在全国高校辅导员联盟、全国易班网、云南网等平台发表。

二是诚心领悟，着实转变。常态化探索理论武装头脑规律，努力在学得深、悟得透、化得了上花功夫，实实在在通过学习转作风、树新风，诚心诚意在听意见、讲民主上实讲实做，认真听取部门同志、二级学院的意见、建议，严格执行请示报告和“三重一大”末尾表态制度。逐步营造心连心理解、肩靠肩承担、苦对苦付出的工作氛围。全年与辅导员、部门职工深度开展交心谈心 20 余次，经常性与二级学院、有关部门负责人进行交流沟通。

二、坚持问题导向，除难解难排万难

以学生为本，瞄准分校区办学服务痛点，竭力为学生解决烦心事、操心事，努力营造人人扶志帮困的良好育人环境。

一是“云端一站式”服务模式为学生解烦事。以数据多跑路、学生少跑腿、人员不聚集为办实事的工作目标，以“易班”为信息化服务平台，线上若干服务模块为运转枢纽，推动“云端一站式”服务模式建设，竭力缓解分校区办学存在的服务痛点和难点。学生基本告别迎新离校排长队、等流程的历史；告别纸质派单，到校抢宿舍的历史；告别久等人、找人难的历史；告别重复填写、多次打印的内卷历史，年均节约纸张超过10万余张。“一站式”建设服务工作被云南网报道1次，“一站式”学生社区成为教育部自主试点单位。

二是扶志帮困兜底保障全链条安全。启动实施扶志帮困双推进计划。通过奖助学金评选、临时救助关爱、冬季送温暖、文明宿舍评选、学费补偿等方式，提供帮困帮助12 000余人次，金额达4 500多万元。以入伍放心、在营安心、退役暖心为目标，围绕学生入伍、在营、退役等事务和服务开展了“6个1”系列活动，实施营地和征兵宣传大使筹建计划，实实在在为入伍学生办实事、解难题。在征兵工作上，连续三年荣获省市区级优秀单位。

三、坚守纪律底线，知廉敬廉恪守廉

自觉以习近平总书记要求的“五好”干部和“四有”好老师为对照，以张桂梅、朱有勇、校园感动人物等先进教育工作者为榜样，在学生工作岗位上讲规矩，守初心。

一是把好方向。认真研究分析有关学生思政、资助、管理、服务、征兵等工作的政策和要求，时刻绷紧“为党育人、为国育才”这根弦，确保党的路线、方针、政策在育人路上不偏不离，在具体学生业务上不漏不差，工作过程中自觉接受监督指导。

二是廉洁履职。师德挂帅、作风先行。认真履行党风廉政建设要求，执行中央八项规定和学校内控制度，廉洁自律、作风严谨。从“三重一大”、专题工作会、重点工作、征兵入伍、重点项目入手，扎扎实实将纪律、责任、风险放在心上，扛在肩上，抓在手上，落实在岗位上。在奖助学金评选、物资采购、党管武装目标责任落实、辅导员考核等重点工作及重要环节上，既挂帅，更出征，做到亲自干、带头干、廉洁干。

在组织的大力关心培养和同事领导的帮助下，本人一年来成熟了很多，成长了不少。但是，与党委对年轻干部的要求相比，与新时代党员干部和优秀教师标准相比，本人还存在很多不足。主要集中表现在两方面：一是深入学习调研的力度不够，存在工作不入基层的情况；二是全面抓、抓全面的能力不足，存在角色转变不准，抓工作、强举措不力的情况。

在下一步的工作中，我将从以下三个方面下足功夫：一是在学习调研上下硬功夫，实实在在把新时代高校的育人使命、武装工作、辅导员建设、扶志帮困等内容的最新要求和基本规律摸清楚、弄明白，进一步增强为党育人、为国育才的使命感和责任感；二是坚持问题导向，把学校的学生工作、辅导员工作、分校区学生管理服务工作、武装工作的痛点、难点找实、挖深，有针对性地把法子想出来，把能量激励出来；三是强化工作实践和本领锤炼，围绕中心工作，以“十四五”发展规划、提质培优、“双高”建设目标落成为具体实践内容，不断锤炼本领，提高看问题、办实事、解难事的本领和能力，努力成为组织信得过、师生靠得住、事情办得了的青年干部和优秀教师。

德不孤，必有邻。各位领导、各位老师，以上这些工作是团队赋予的力量，是历届部门负责同志、分管领导和各部门、各学院帮助支持的结果，更是我部几位同志齐力奋斗的成果。在汇报的结尾，我想借此机会感谢我们这个团队，是大家心连心的理解、肩靠肩的承担、苦对苦的付出才让我有信心和勇气走过了这一路的艰难。

我的述职到此结束，谢谢大家！

主题十　整合合作需求

活动一　了解合作意愿

人是社会性的群居动物，要想实现特定目标，单打独斗是很困难的。“天地交而万物通也，上下交而其志同也”，每个人都有各自的优势和弱点，要想实现共同的愿景，我们就应该主动交流沟通，表达各自的意愿，发挥各自的优势，达成共识。

目标：表达需求，形成共同愿景

通过本活动的学习和训练，你将能够：

1. 积极地表达合作的需求。
2. 了解团队中各自的优势。
3. 与团队建立共同的合作愿景。

任务：领悟合作对完成工作的重要性

要把团队的力量发挥到极致，靠的是协调一致性。我们都知道划龙舟的案例，如果众多选手没有协调性，无论单人使了多大的力气，最终大家的力量都会互相抵消，在行进中龙舟不仅不会前进，还有可能原地打转，因此，决胜的关键在于发挥团队的合力。朝着同样的方向，以同样的姿势，同时使出全力，才能让龙舟达到最快速度，获得最大“合力”。这合力来自每一位成员的全力以赴、技能娴熟、动作一致、默契配合。

要保证团队的执行力，关键是在执行过程中明确要实现的目标分哪几个阶段，具体的工作指标是什么，这既是确保任务完成质量的关键，又是保证团队执行力的关键。

准备：具备合作意识，达成共同愿景

在职业领域，雇员与雇主、下级与上级、员工与客户、个人与同事，形成复杂的利益

关系。交流合作可以达到双赢，使合作获得利益。

一、建立合作意识

每个人都有一技之长，但是单凭某个人的一技之长是很难实现一个团队的共同目标的。与此相对应，每个人都有可能有失误的时候，通过团队的合作，基于共同的目标，大家成为某一项工作的“命运共同体”，就应该承担相应的风险，每个人的合作意识和防范风险意识就能够培养起来。

二、制定愿景，一路同行

愿景是团队工作的共同目标，是合作者们个人愿景的生动体现，一个团队要想产生巨大的向心力，树立共同的愿景是必不可少的。共同愿景对于团队的作用就在于它使原本互不相干的人走到了一起，协同工作，并产生信任感和亲切感。在追求共同愿景的过程中，所有合作者都会激发出潜能，从而使团队获得源源不断的动力。

三、交流沟通，明确分工

“我只要做好自身的工作，当然，我需要与大家沟通交流，保持步伐一致，过快和过慢都是不可取的。”马莉是一位年轻的女职员，在连续换了 3 次工作之后，终于找到了自认为理想的工作。因为在新的岗位上，通过与同事沟通，她非常明确自身的工作和要求，也很清楚自己和同事的分工，沟通起来很顺畅。

行动：集体撰写申请信

了解活动背景，在商议的基础上，起草一封申请信。通过这个活动，检验合作意识和表达合作意愿。

活动背景：

第九届互联网＋大学生创新创业大赛即将开始，各专业开始进行组队参赛，你也想要参加此次比赛，但是进入团队需要有相应特长，并且要向指导教师或者项目负责人表达出自己的意愿和具备的特长及能力等。为了能够加入中意的团队，你需要写一封申请信交给指导教师。

活动要求：

字数 800～1 000 字，行文通畅，能充分表达自己对参赛项目的了解，自己与参赛项目所匹配的特长和能力，自己参与团队合作的愿景，申请信中必须引用一句关于合作的经典句子，列举一个合作的事例。

评估：是否具备合作意愿

自我评估 1：合作意愿测评

对以下问题进行深入思考，并以文字形式记录下来，评估自己对具备合作意愿的认识，然后请辅导员审核。

1. 班级管理中，老师和同学在哪些方面需要你，或者是无法离开你？

2. 在宿舍生活中，你觉得哪些方面需要与别人合作？

3. 在专业实践中，你觉得大家的共同利益体是什么？专业实践能够为你带来哪些利益？

自我评估 2：团队协作能力测评

以下测评能帮助你检查自己是否有团队协作能力。表 10-1 中的每一项都陈述了一种团队行为，根据自己这种行为的表现频率打分：总是这样（5 分）、有时这样（3 分）、从不这样（1 分）。

当我是团队成员时：

表 10-1 团队协作能力

情景描述	角色	得分
1. 我提供信息和表达自己的观点、意见、感受以帮助团队讨论	提供信息和观点者	
2. 我从团队成员那里征求信息、观点、意见和感受以帮助团队讨论	寻求信息和观点者	
3. 我提出团队工作计划，提醒大家注意需完成的任务，以此把握团队方向。我向不同团队成员分配不同的责任	方向和角色定义者	
4. 我集中团队成员所提出的相关观点或建议，并总结、复述团队所讨论的主要论点	总结者	
5. 我带给团队活力，鼓励团队成员努力工作以达成我们的目标	鼓舞者	
6. 我要求他人对团队的讨论内容进行总结，以确保他们理解团队决策，并了解团队正在讨论的材料	理解情况检查者	
7. 我鼓励所有团队成员参与，愿意听取他们的观点，让他们知道我珍视他们对群体的贡献	参与鼓励者	
8. 我会用良好的沟通技巧帮助团队成员交流，以保证每个团队成员明白他人的发言	促进交流者	
9. 我会讲笑话，并会建议以有趣的方式工作，借以减轻团队中的紧张感，并增加大家一同工作的乐趣	释放压力者	
10. 我观察团队的工作方式，利用我的观察去帮助大家讨论团队如何更好地工作	进程观察者	
11. 我促成有分歧的团队成员进行公开讨论，以协调思想、增进团队凝聚力，当成员们似乎不能直接解决冲突时，我会进行调停	人际问题解决者	
12. 我向其他成员表达支持、接受和喜爱，当其他成员在团队中表现出建设性行为时，我会给予适当的赞扬	支持者与表扬者	

以上 1～6 题为一组，7～12 题为一组，将两组的得分分别相加，对照下列解释：

（6，6）你只为完成工作付出了最小的努力，总体上与其他团队成员十分疏远，在团队中不活跃，对其他人几乎没有任何影响。

（6，30）你十分强调与团队保持良好关系，为其他成员着想，帮助团队创造舒适、友好的工作气氛，但很少关注如何完成任务。

（30，6）你着重于完成工作，却忽略了维护关系。

（18，18）你努力协调团队的任务与维护关系，并最终达到平衡。你应该继续努力，创造性地完成任务，维护关系，以促成最优生产力。

（30，30）祝贺你，你是一位优秀的团队合作者，并有能力领导一个团队。

当然，一个团队的顺利运行除了上述行为以外，还需要许多别的技巧，但上述技巧是最基本且较易掌握的。

如果你得分比较低，也不要气馁，只要参照上面的做法，就会有所提高。

活动二　培养团队精神

1954年，彼得·德鲁克在其著作《管理的实践》中，首先提出并明确界定"人力资源"这一概念。从"人事管理"到"人力资源"，人类几乎用了200年时间。这一进步过程虽然漫长，但对于人类的影响却不言而喻。我们为了共同的愿景开展合作，其根基在于每个人都能够将自己的优势发挥到共同的努力过程中，每个人的优势就是一种"人力资源"，在合作中，拥有了人力资源，将胜过资金、设备等物质资源。

目标：发现团队精神要素，培养团队精神

通过本活动的学习和训练，你将能够：

1. 为了实现工作目标，发现团队精神的体现要素。
2. 将这些要素融入培养团队精神的过程中。

任务：让团队合作精神成为一种综合素质

在一个企业里工作，不管我们最初是否真的喜欢这家企业，既然选择了，就应该学着主动去接受它、认同它。从某种意义上来说，接受公司就是接受自己。这是一种非常积极的观念，对自身的发展和团队的发展都是非常有益的。

认同企业的价值观念是个人付出行动的精神支撑。企业的价值追求、制度体系、管理风格、企业文化是企业在管理现实中长期积淀而成的。很多企业的企业文化，吸引着求职者慕名而来，我们既然决定进入一个企业，就应该学习和认同企业的文化精神，这样才能快速适应职场，快速融入企业。

与同事合作是个人开启职场旅程的必备环节。在职场，没有单打独斗就可以取胜的战斗，所有人的成绩都将成为团队获得业绩的支撑，反过来，优秀的团队合作对个人的快速成长提供了最佳的平台。学习有效的合作方式可以为个人赋能，在合作中大家相互启发，弥补不足，在合作中实现个人和企业的价值追求。

准备：在合作中成长进步　在团队中成就自我

在非洲的草原上如果见到羚羊在奔跑，那一定是狮子来了；如果见到狮子在躲避，那就是象群发怒了；如果见到成百上千的狮子和大象集体逃命的壮观景象，那是什么来了？答案是蚁群。

一只蚂蚁可能微不足道，但是成千上万的蚂蚁就可以所向披靡。同样的道理，一个人的力量是有限的，只有融入团队中才能发挥自己最大的能力，而完美的团队在团队目标达到的同时也帮助个人实现了目标。

在行业、职业和岗位分工日益明确，对能力要求日益精细化的当今社会，靠单打独斗去取得成功变得越来越困难，个人能力总是存在这样或那样的缺陷，只有在团队中，个人的缺陷才能得到弥补和避免。而从个人成长的角度来看，一个人只有拥有团队合作精神和合作能力，在良好的社会氛围中，个人的成长才会更加顺利。

一、人心齐，泰山移

所谓团队精神，简单来说就是大局意识、协作精神和服务精神的集中体现。团队精神的基础是尊重个人的兴趣和成就，核心是合作，最高境界是个体利益和整体利益的统一并进而保证组织的高效运转。团队精神是团队能够取得高绩效的灵魂，是成功团队难以被模仿的特质，没有人能很清楚地描述团队的精神，但每一位团队成员都能感受到团队精神的存在，感受到令人振奋的力量。

拥有一个优秀的团队就等于拥有一个灿烂的明天和一个辉煌的将来。

二、融入团队才能进步

团队的力量让雁群可以长途飞行。同样，也唯有团队的力量才可以使企业在竞争激烈的今天实现永续经营。所以，个人想赢得机会，获得成功，就必须选择融入团队，因为无论经验还是实践都告诉我们一个真理：只有成就团队，才能成就个人。

三、团队是通向成功的金钥匙

团队是由员工和管理层组成的一个共同体，它合理利用每一个成员的知识和技能协同工作，解决问题，达到共同的目标。团队构成中有五个要素，分别为权限、目标、人员、定位、计划。

人是构成团队最核心的力量。三个人（包含三个）以上就可以构成团队。目标是通过人员具体实现的，所以人员的选择是团队中非常重要的一个部分。

团队是一群互助互利、团结一致为同一个目标和标准而奋斗到底的人。它不仅强调个人的业务成果，更强调团队的整体业绩。所以在职场上，团队精神弥足珍贵，是帮我们打开成功之门的金钥匙。

行动：我成了大力士

进行以下训练。

训练内容：

让四名团队成员每人只用两个手指头将坐在椅子上的人抬起来。

训练目的：

1. 学会运用团队的力量。

2. 认识团队中协作及沟通的重要性。

3. 展示齐心协力的益处，培养团队精神。

4. 思考怎样才能做好团队中的一员。

训练要求：

1. 编成四到五个小组，形成团队。

2. 每个团队经过协商，挑选出一名成员，请他坐在场地中央的一张座椅上。

3. 另外挑选四名成员，要求这四名成员合力将坐在椅子上的人抬起来，这四个人每人只能动用自己的两个手指。

4. 再换人，选一名体重最重的成员坐在椅子上，再选四名被认为是最瘦小的成员，看看他们的合力，能否实现目标。

5. 以“一个人的力量可能微不足道，但具有很好合作精神的团队就会很强大”为题，总结对团队的认识，并指派一名成员做限时两分钟的汇报演讲。

6. 以训练完成情况和演讲表现，给每个团队打分，团队得分即成员得分，以培养其团队意识。

评估：你是不是一个擅长团队合作的人

做一下下面的小测试，看看你是不是一个擅长团队合作的人。

1. 如果某位中学校长邀请你，为即将毕业的学生做一个介绍公司情况的晚间讲座，恰好那天晚上播放你正在追看的电视剧的最后一集，你会：________

A. 立即接受邀请

B. 同意去，但要求改期

C. 以有约在先为由拒绝邀请

2. 如果某位重要客户在周末下午 5:30 给你打来电话，说他们购买的设备出了故障，要求紧急更换零件，而主管人员与维修师傅已经下班，你如何处理：________

A. 亲自驾车去距离公司 30 公里以外的地方送货

B. 打电话给维修师傅，要求他立即处理此事

C. 告诉客户下周才能解决

3. 如果某位与你竞争最激烈的同事向你借一本经营管理畅销书，你如何处理：________

A. 立即借给他

B. 同意借给他，但声明此书的价值并没有那么好

C. 骗他说书已经被别人借走

4. 如果某位同事为方便自己出去旅游而要求和你调换休息时间，在你还未决定如何度假的情况下，你如何处理：________

A. 马上应允

B. 告诉他要回家跟爱人商量

C. 拒绝调换，推说自己已经参加旅游团了

5. 在你急匆匆地驾车赴约途中看到一位同事的车出了故障，停在路边，你如何处理：________

A. 毫不犹豫地下车帮忙修理

B. 告诉他你不能停下来帮他修车，但一定帮他找修理工

C. 装作没看见

6. 如果某位同事在你准备下班回家时，请求你留下来听他倾诉内心的苦闷，你如何处理：________

A. 立即同意留下来

B. 劝他等第二天再说

C. 以妻子生病为理由，拒绝其请求

7. 如果某位同事因要去医院探望妻子，请求你去替他接一位乘夜班机来的大人物，你如何处理：________

A. 立即同意替他去接

B. 找借口劝他另找别人帮忙

C. 以汽车坏了为理由，拒绝其请求

8. 如果某位同事的儿子想选择与你同样的专业，请你为他做些求职指导，你如何处理：________

A. 立即同意

B. 答应他的请求，但同时声明你的意见可能已经过时，他最好再找些最新资料作参考

C. 只答应谈几分钟

9. 你在某次会议上发表的演讲很精彩，会后几位同事都向你索要讲话提纲，你如何处理：________

A. 同意，并立即复印

B. 同意，但并不重视

C. 不同意，或者同意，但转眼就给忘了

10. 如果你参加了一个新技术培训班，学到了一些对许多同事都有益处的知识，你如何处理：________

A. 返回后立即向大家宣布并分发参考资料

B. 只泛泛地介绍一下情况

C. 把这个课题贬得一文不值，不泄露任何信息

结果分析：

1. 全部回答为 A，表示你是一位极善良、极有爱心的人，但你要当心，千万不要被低效率的人拖后腿。

2. 大部分回答为 A，表示你很善于合作，但并非失去个性。认为礼尚往来是一种美德，在商业生活中不可或缺。

3. 大部分回答为 B，表示你以自我为中心，不愿意给自己添麻烦，不想让自己的生活规律、工作秩序受到任何干扰。

4. 大部分回答为 C，表示你是一个名副其实的孤家寡人，团队合作精神比较差。

主题综合练习

勇敢地说出自己的理想

训练技能点：

确定合作目标，达成共同意愿，挖掘合作资源，制定合作规则。

训练内容：

借助 PPT，与大家分享你的目标和行动计划。

1. 学习制作 PPT。
2. 学会小组合作。
3. 学习欣赏他人。
4. 珍惜团队荣誉。

训练要求：

1. 按学习小组分别进行准备，制作一个介绍自己的 PPT。
2. 从各小组中随机抽取 2 名同学上台演讲，抽取几名同学进行打分、评议。
3. 在 3 分钟之内把自己介绍给大家，肯定自己，找出自己的优点和自己现在所拥有的资源，同时分析自己的缺点，把自己的目标和行动计划告诉大家。
4. 以小组为单位进行评比，表扬优胜小组，教师点评。
5. 从班级中挑选两名同学担任整个训练活动的主持人。

专项四

解决问题素质能力养成

主题十一　拆分问题，明确对策

活动一　明确问题，找到核心

小张是一名刚刚踏入大学的新生，与其他同学相比，他较快地适应了大学生活。在开学初期，他根据自己的兴趣爱好加入了学生社团组织。然而，随着大学生活的进行，他发现学业课程越来越紧凑，社团工作的任务也十分繁重。每天，他奔波于教室和社团活动之间，感觉学习压力和社团活动成为他的两座大山。尽管小张有许多想要完成的事情，但他总是感到时间和精力不足，也因此感到疲惫不堪。

学习、生活中我们经常会同时面临两项或以上的重要问题，如何分析问题，寻求解决方案呢？

案例中，小张同时面临着两项棘手的事情，即学业任务的紧凑和课余社团工作的繁重。良好的解决问题能力既是大学生求学期间实际需要的，也是大学生毕业走向社会生存发展所必需的。大学期间解决问题的能力直接影响学生的学业、生活及社交等方面，甚至直接影响学生的心理健康。如何合理地安排自己的精力和时间，度过充实而愉快的大学生活，你需要明确以下问题：

解决问题的关键点是什么？

目标：识别问题的关键点

通过本活动的学习和训练，你将能够：

1. 根据自己的现状和长远考虑，明确问题的关键点。
2. 对多头问题作出优先级排序，制定解决方案。

任务：具备明确和理解问题的能力

对于像案例中小张这样刚步入校园的大一新生来说，适应大学生活是一个重要的挑战。如果想要解决问题，就必须先拆解和定位这个问题，然后去寻找解决方案。当问题被拆分得足够细、足够清晰的时候，就会发现解决方案原来是这么明显，每个人都可以办得到。我们的任务是明确问题并理解问题，具体拆分为以下两点：

- 能够正确表述问题，清楚关键点，从而成功地解决问题（这样也有利于决策过程）；
- 能够为最棘手的问题找到解决方案，最好是发掘多种、多渠道解决方案。

那么，如何获得这种能力呢？通过学习和实践，我们将逐步培养这一必备能力，从而更好地应对日常工作和生活中的挑战。

准备：明确问题的两个步骤

刚刚踏入校园的新生，由于还未完全脱离之前的学习和生活习惯，面临适应新校园环境、新文化知识和新人际关系的挑战。为了尽快适应大学生活，他们需要及时采取一些必要的、合理的措施。通过两个迅速上手的小方法，以此明确问题的关键点，找到解决问题的方案。

一、明确问题，定位关键点

首先，新生需要理清自己的任务，明确自己的学习和生活目标，并合理分配时间，以提高同时处理多项任务的能力。“40—20—10—5”方法是一种用于明确问题和分析问题的方法，先拓展再精简，它的核心思想是将问题归纳为不同的层次和方面，以便更好地理解和解决。用词语表述问题，实际上是一种思考问题的过程。

第一步，用 40 个词语来详细表述问题，可以帮助你全面而详细地描述问题的各个方面和细节。

第二步，将其删减到 20 个词语，需要你剔除一些不那么重要的词语，开始聚焦问题的核心。

第三步，进一步精简到 10 个词语，这将迫使你更深入地思考问题的本质和关键要素。

第四步，用 5 个词语来表述问题，这将帮助你总结问题的精髓，确定问题的真正根源。

在这个过程中，随着问题的表述变得越来越简洁，你将把注意力集中在真正重要的问题上。这种精简的过程有助于你思考问题的核心，从而找到问题的解决方案。

因此，这种“40—20—10—5”的词语精简方法不仅能够帮助你明确问题的真正根源，还能训练你的思维，使你更加敏锐地捕捉到问题的关键，并找到潜在的解决方案。

二、收集信息，制定对策

新生还要树立大学学习和生活的目标，重塑个人理想，以更好地适应新的环境。在着手解决问题之前，确保全面掌握相关信息是至关重要的。特别是当问题性质较为抽象或模糊时，这一点尤为重要。

在成功收集到有关问题的信息后，我们需要在表述问题时力求具体和明确。为了达到这一目的，你可以采用一个特定的信息收集框架（见表 11－1）来指导你的信息收集过程。这一框架将帮助你系统化地整理和分析所收集到的信息，从而使你能够更准确地描述并理解问题的本质。通过这种方法，你将能够更有效地锁定对策。

表 11-1 信息收集框架

序号	问题	重要性	紧迫性	趋势/频率	对策
1					
2					
3					
4					
5					
6					

注：问题：问题的本质是什么？重要性：问题有多严重？（例如，从成本、质量、安全和一致性方面考虑）。紧迫性：在导致更严重的问题之前，问题是否需要尽快解决？趋势/频率：问题时而发生或频繁发生？情况是越来越好，保持不变，还是越来越糟？对策：可以采取什么方法、措施？

通过使用这个信息收集框架，你可以更系统、全面地收集与问题相关的信息，确定目标，为后续的问题分析和解决方案制定提供坚实的基础。同时，这个框架也可以帮助你在解决问题之前掌握足够的信息，避免在解决问题过程中出现信息缺失或理解不准确的情况。

行动：明确问题，寻找对策

小张作为班级的学习委员，承担着关注同学们学习情况的任务。近日，辅导员找到他，说最近班里上课请假的同学增多了，小张也注意到最近频繁出现学生请假的情况。为了维护班级的学习秩序和保障同学们的学习进度，小张决定积极分析问题，采取措施，改善这一现象。那么小张应该怎么办呢？

想一想：

1. 请假是一个表现出来的现象，小张需要解决的真正问题有几个？分别是什么？
2. 制定解决问题的方案，需要哪些方面的支持？

提示：

第一步，找出问题点。

小张可以说，“老师，我看了一下这份考勤材料，我们班过去一个月旷课超过 2 节的有 6 位同学，这个数据显示我们班学风建设有些缺失，也可能影响即将到来的期末考试成绩。老师，我想和您确认一下，您是不是想让我深入了解同学们旷课的具体原因，以从根源上帮助他们克服困难，同时还要做好班级的学风建设呢？”

第二步，制定方案，分步进行。

首先，小张通过与同学们的交流和平时观察，了解一些同学请假的原因。他发现有的同学是因为身体不适或家庭原因而请假，有的同学则是因为对课程缺乏兴趣或者对学习有压力而逃避上课。针对这些问题，小张决定采取一些措施来帮助同学们解决这些问题。

一方面，小张鼓励同学们在遇到困难时及时与老师或同学沟通，寻求帮助。他通过组织学习小组和学术交流活动，促进同学们之间的互动和合作，增强他们对学习的兴趣和动力。提倡同学们设定短期和长期目标，可以是学术、社交或个人发展目标，这有助于保持动力。同时，他与班级生活委员组织互动，倡导同学们养成良好的学习习惯和生活习惯，以提高他们的学习效率和质量。

另一方面，小张也积极与辅导员和任课老师沟通，反映同学们的困难和问题。请老师们帮助，比如采用更加生动的授课方式，激发起同学们的学习兴趣。同时，辅导员加强对同学们的管理和引导，帮助他们树立正确的学习态度和价值观。

在小张的努力下，班级的学习情况逐渐得到改善。同学们的学习兴趣和动力得到了提高，旷课现象得到了有效遏制，班级的学习氛围变得更加浓厚，同学们之间的互动和合作也更加紧密。小张作为学习委员，有效履行了自己的职责，为同学们的学习进步做出了积极的贡献。

评估：通过活动进行验证

通过本活动的学习，请你通过如下问题尝试分析本活动案例，做到能够明确问题的关键点，找到解决问题的核心。

1. 请你列出小张目前面临的三个重要问题。
2. 尝试寻找三类可能造成小张目前处境的原因。
3. 与你寻找到的原因相对应的解决方案是什么？

活动二 拆分问题，确定方案

经过一段时间的锻炼和成长，小张凭借出色的表现，已经成为大学某社团的社长。当五四青年节即将来临的时候，社团的指导老师找到他，希望他能策划一场全学院的五四青年节活动。这次活动的目的是通过回顾“五四运动”，激发同学们的热情和斗志，引导他们继承和发扬光荣传统，进而提升全体同学的精神状态。

然而，面对这个全新的挑战，小张感到有些无所适从。他以前从未策划过大型的学生活动，不知应该从何入手。

实际生活中的许多问题都是错综复杂、牵涉多方面的，这类问题的解决往往需要全方位、多角度的思考和行动。你是否也曾遇到过类似的情况？假如遇到类似的情况，你该怎么办呢？

案例中小张需要策划一场全院的活动，这是一项具有挑战性的任务。例如，大型活动往往面临诸多需要解决的问题，涉及多个部门的协调合作，过程中还可能遇到突发问题，因此制定应急预案也是非常重要的。为什么复杂问题我们总觉得解决起来千条万绪，找不到思路呢？因为复杂问题通常包含多个维度和变量，这使得它们难以解决。相比之下，元问题更加基础、本质和单一，因此更容易找到解决的思路。什么是复杂问题呢？就是掺杂了多个维度和变量的问题。那什么是元问题？就是那些最本质、最细小的待解决的问题。

目标：定义到“元问题”

通过本活动的学习和训练，你将能够：

1. 拆分复杂问题，找出元问题。
2. 根据给定的资源，分析制定方案。

任务：拆分复杂问题

小张接到举办活动的任务，陷入了思考，指导老师看着他困惑的表情，微笑着提醒道：“小张，你可以先从了解五四运动的历史和意义开始。只有深入理解了五四精神，你才能策划出有深度和内涵的活动。同时，要尽量考虑同学们的兴趣和需求，让他们能积极参与进来。”

受到指导老师的启发，小张决定先从研究五四运动的历史和意义开始。他找来相关的书籍和资料，认真阅读并做笔记。通过深入了解五四运动的背景、发展和影响，他逐渐明白了五四精神的内涵和价值，由此找到了活动的初心。

我们的任务是拆分复杂问题，具体拆分为以下两点：

- 确定事件、活动的目标，寻找初心。
- 根据事件目的的不同层次，考虑实现目标的方法。

那么，如何获得这种能力呢？首先，我们要进行准备，深入了解如何有效地获取信息。通过学习和实践，我们将逐步培养这一必备能力，从而更好地应对日常工作和生活中的挑战。

提示：

首先，小张需要与各个部门进行沟通和协调。这包括与策划部门、宣传部门、物资保障部门、安保部门等密切合作，确保各项工作的顺利进行。在协调过程中，小张需要了解各个部门的工作职责和时间节点，避免出现工作冲突和重复劳动。

其次，小张需要考虑突发情况的应对措施。在活动组织实施过程中，突发情况是难以避免的，因此需要提前制定应急预案。例如，如果出现天气突变、设备故障、意外事故等情况，应急预案可以及时应对。

最后，小张需要关注活动细节的把控。大型活动涉及很多环节和细节，小张需要对每个环节进行严格的把控，包括场地布置、宣传材料制作、节目安排、餐饮服务等，确保活动的顺利进行。

准备：学会假设驱动理念，搭建问题方案树

接下来，小张开始考虑如何将五四精神与同学们的兴趣和需求结合起来。他想到，既然五四精神强调的是青春的热情和斗志，那么可以在活动中加入一些竞赛和展示环节，让同学们可以亲身参与并展示自己的才华和精神风貌。同时，也可以邀请一些老师或专家来现场讲解五四运动的历史和意义，让同学们能更深入地了解五四精神。

在举办一个活动时，可以借助“假设驱动”的方法来对每个环节进行深入的思考和梳理。通过提出假设，可以预测并提前应对可能出现的潜在问题。在确定每个环节后，可以通过搭建问题方案树来全面地提出解决方案。问题方案树是一种结构化的思维工具，可以帮助我们将活动的各个环节分解为更小的子问题，并为每个问题提出可能的解决方案。

一、假设驱动，梳理活动流程

“假设驱动”的理念其实是从科研界沿用出来的，它的意思是，在应对复杂问题、寻找解决方案之前，先来做一个尽可能合理的假设。假设问题可能出现在某个细分的问题点上。假设驱动的好处有两点：

第一，让我们在解决问题的过程中能够树立一个比较明确的目标。有了这个假设，我们就有了一个需要证实或者证伪的对象。我们就会有目的地去收集信息，收集数据，也会有逻辑地去验证假设，从而得到那个最终的结果。这个假设本身最后被证实或者证伪其实不是最重要的，重要的是思考问题的逻辑和方法。如果你得到了跟这个假设相反的数据，其实也很好，那样的话你就可以去修改你的假设了。我们通过不断修改假设，然后再根据新的假设去收集数据信息，再验证假设，修改假设，然后不断地重复这个流程，最终得到的就是最接近真实的结果。

第二，省时省力。由于假设驱动可以让我们一直沿着一条最大概率可能会发生的这个主线去行进，因此我们就能把有限的时间和资源都分配在那个最可能解决问题的事情上。

二、搭建问题方案树

当我们将复杂问题拆解为元问题后，我们可以采取搭建问题方案树的方式进一步明确下一步的解决方案。问题树又叫逻辑树、演绎树，它其实就是一个树状结构的东西，它的一个日常的应用其实就是思维导图。

问题方案树图就是“如何成为一个解决问题的高手”的问题方案框架，如图 11－1 所示。

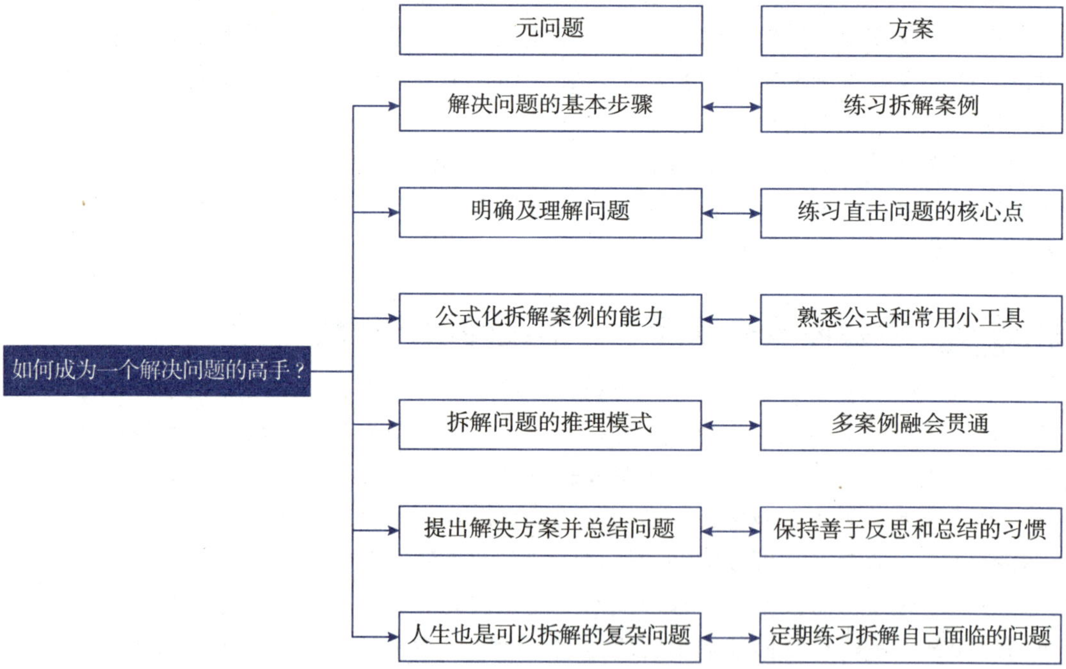

图 11－1　问题方案树图

通过拆分，我们就能够把一个大的问题拆分为若干的小问题。问题树的结构主要就是为了让你在想问题的时候有一条线，你可以跟着它走，而不是漫无目的地去找答案。这么做有两个好处：一个是你会更容易找到问题所在；另一个是你可以根据拆解，把树上的问题都变成任务，清晰、没有遗漏地分配给其他人。

行动：如何做好活动方案

有了这些想法，小张开始着手策划活动。他先制定了活动的大纲和流程，然后与社团的成员们一起讨论并完善细节。在策划过程中，小张不断地与指导老师沟通交流，及时调整活动方案，确保活动的顺利进行。

想一想：

1. 一个好的活动方案要解决哪几个方面的问题？
2. 活动方案在哪些环节需要准备备用方案？如何准备备用方案？

提示：

经过一段时间的紧张筹备，小张终于成功地策划了一场全学院五四青年节活动。本次活动需要达成以下三个效果：活动现场气氛热烈；同学们积极参与各个环节；展现出青春的热情和活力。活动中，不仅有知识竞赛、演讲比赛等环节，让同学们展示自己的才华，还有现场讲解、视频播放等形式，让同学们更深入地了解五四运动的历史和意义。

这次活动的成功举办，不仅让同学们更加深入地了解了五四精神，也让他们在参与过程中体验到了青春的热情和活力。小张也通过这次活动策划，展现了自己的组织能力和创新思维。

评估：通过活动验证

通过参与本次活动的学习和实践，你已经具备了拆分复杂问题并确定活动方案的能力？为了评估这种能力，尝试回答以下几个关键问题：

1. 是否能够识别问题？

明确问题是什么，并了解问题的背景和相关因素。这有助于我们准确定义问题的范围和目标。

2. 是否做到准确拆解、分析各个环节？

我们将问题拆解为更小的环节或子问题。例如，可以将活动拆分为策划、场地准备、宣传推广、执行和后续跟进等环节；分析每个环节，对于每个环节，我们需要仔细分析可能出现的问题和挑战，并考虑相关因素和影响。这有助于我们了解每个环节的实际情况，为后续制定解决方案提供依据。

3. 能够制定解决方案？

针对每个环节分析出的问题，我们将制定相应的解决方案。可以通过研究最佳实践、咨询专业人士、寻求合作等方式，找到解决问题的有效途径。

通过以上拆分和分析，我们可以清晰明确地确定解决问题的方案，并制定相应的实施计划。这将有助于我们有效应对复杂问题，确保活动的成功举办。

活动三 准备资源，实施方案

受全国高等院校扩招和经济发展状况影响，毕业生就业形势日益严峻，就业竞争压力不断增大。为了应对这一挑战，学校决定举办一场大型校园招聘会。此次招聘会的目标是为毕业生搭建一个高质量、高水平的就业交流平台，助力他们顺利就业；同时，也为非毕业班学生提供社会实践机会，提升他们未来的就业竞争力。

小张作为学生会主席，被委以协助老师策划并组织本次大型校园招聘会的重任。那么，小张如何才能更好地实施方案，确保招聘会的成功，并做好成果评估呢？

此时你具备了制定方案的能力，实施阶段是确保方案成功落地的关键步骤。需要协调资源、安排进度计划和负责人、对标完成时间、确保验收效果等，以及考虑执行团队的理解和实施能力等因素。你是否遇到过这样的问题，该如何处理呢？

案例中，小张需要筹办的是一场大型校园招聘会，这场招聘会对毕业生来说是一个极为重要的机会。不仅为毕业生提供了就业的机会，而且可以帮助他们做好职业规划、了解企业文化以及拓宽视野。此外，通过这次招聘会，学校可以进一步拓展就业渠道和岗位，推动校园招聘的提质升级。制定好方案后，要确保招聘会顺利开展，你必须明确以下问题：

- 如何确定项目需要的资源？
- 如何制订详细的计划和时间表？
- 如何制定实施效果的评估标准？

目标：推进方案实施

通过本活动的学习和训练，你将能够：

1. 分析资源情况，论证实施方案的可行性。
2. 根据方案合理推进实施，确保方案落地。

任务：制定符合实际的实施方案

小张查看了过去三年校园招聘会的资料，结合本年度毕业生情况，根据学校和学生的需求在保证参会企业与学校和专业匹配度的前提下，确定参会企业的数量和类型，以及招聘的岗位和人数。小张梳理出制定一场大型校园招聘会实施方案需要考虑的方面，包括目标、参会企业、时间和地点、宣传、组织、面试和简历筛选以及评估和总结等。只有全面考虑并精心组织，才能确保招聘会的成功实施。

确保大型方案成功落地实施，具体拆分为以下两点：

- 事前协调好各方资源，建立有效的沟通。

• 筛选和鉴别信息，做好方案。

准备：合理制定方案，争取各方支持

一、精心策划，制定实施方案

在撰写实施方案时，应遵循的原则是用简练的文字表达，以吸引读者并使其在短时间内了解策划内容和实施方案。虽然策划书没有固定的格式，但是清晰完整地反映策划活动是至关重要的。考虑到初入行业者可能感到无从下手，下面介绍常用的策划书方案格式。这个格式将提供基本的结构，帮助初学者更好地组织和呈现他们的策划思路。

实施方案范例：

一、活动基本信息
1. 活动名称
2. 活动目的
3. 活动时间和地点
4. 参与人群

二、活动背景与意义
1. 活动背景介绍
2. 活动意义和价值

三、活动内容和流程
1. 活动主题和亮点
2. 活动内容
3. 活动流程安排

四、活动组织与实施
1. 活动主办方和合作方
2. 活动执行团队和志愿者
3. 活动赞助商和合作伙伴
4. 活动物资和设备需求

五、活动宣传与推广
1. 宣传渠道和方式
2. 宣传内容和素材
3. 宣传时间表和推广计划
4. 预期宣传效果和反馈

六、活动预算与资源需求
1. 预算来源和分配
2. 资源和物资采购计划
3. 财务预算和支出明细

七、安全风险防范与应对措施
1. 安全预防措施和应急预案

2. 安全责任人和联系方式

3. 安全意识和培训计划

八、活动效果评估与总结反馈

1. 数据收集和分析评估方法

2. 活动效果评估结果和亮点回顾

3. 经验教训总结和改进建议

4. 对未来活动的建议和展望

九、附件与相关材料（此处可附上与活动相关的图片、视频、图表等材料）

以上格式仅供参考，可以根据实际情况进行调整和修改。撰写策划书时，请尽量精练、清晰地表达你的策划意图和实施方案，以便阅读者能够快速了解策划内容。

二、对照方案，确认支持

当我们做好实施方案，虽然距离我们达成目标更近了一步，但真正的挑战才刚刚开始，因为一个复杂的、大型的活动或项目需要多方协调和支持，我们需要争取方案所需的资源。

我们在成长过程中，儿童时期尝试说服父母给我们购买好吃的糖果，少年时期说服玩伴服从我们的游戏规则，青年时期说服老师理解我们的奇异想法，工作之后说服老板对我们的项目给予更多的支持，其实我们经常扮演说客的角色，期望去说服他人合作，达成期望目标。在寻求支持的过程中，以下是一些可以参考的方法：

一是了解自己的优势和劣势。首先要明确自己的优势和劣势，这样才能更好地定位自己，找到自己的独特性和价值。同时，也要了解竞争对手的优势和劣势，以便更好地制定策略。

二是建立良好的关系。与合作伙伴、同学同事、行业协会等建立良好的关系，可以获得更多的资源和支持。

三是创新思维。要敢于尝试新的方法和思路，寻找新的机会和资源。同时，也要不断学习和更新自己的知识和技能，以适应市场的变化和需求。

总之，“知己知彼，百战不殆”，在争取支持的过程中，要了解自己和目标受众，制定有效的策略，建立良好的关系，创新思维并持续改进。我们争取支持的目标是更好地完成任务，瞄准目标就成功了一半。

三、严格落实方案，对标完成任务

在方案推进过程中，尤其是复杂的项目方案推进中，我们需要借助一些方便实用的工具来帮助我们有效实施方案。管理大师亨利·劳伦斯·甘特提供的管理工具——甘特图，被公认为世界各地项目经理最基本、最适用的工具。甘特图源自工作分解结构（WBS），可方便查看项目任务和子任务的开始时间和结束时间。结合使用 WBS 的概述图，甘特图就可以按时间顺序展示每个任务和子任务。对于同时开始并同时运行的任务，甘特图是一个非常方便的工具。而且，重叠的任务和子任务也可以很容易在甘特图上描绘出来，如图 11－2 所示。

甘特图						
	作业内容关联性分析	差距分析	一月	二月	三月	四月
任务一	1.***	1.***	计划			
	2.***	2.***	实际			
任务二	3.***	1.***				
		2.***				
任务三	4.***					

图 11－2　任务甘特图

行动：有效实施方案

小张已经精心策划并制定了一份全面的校园招聘会实施方案，现在他开始着手推进方案的执行工作。他召集团队成员，详细解释和讨论方案，确保每个人都充分理解并实施各自的职责。接着，他开始协助老师与校园相关部门进行协调，确保活动的场地、设施和时间安排都得到落实。

想一想：

1. 小张如何确保方案的顺利实施？
2. 小张有哪些方法可以做好会场保障，同时服务后续工作？

提示：

为了做好方案实施的保障工作并有效地获取信息，可以采取以下措施。

建立有效的沟通渠道：与团队成员、相关人员和利益相关者建立畅通的沟通渠道，确保信息的及时传递和共享。利用电子邮件、即时通信工具、会议等手段，保持信息畅通，使每个人都能及时了解实施方案的状态和进展情况。

主动获取信息：积极与现场工作人员沟通，了解需求和关注点，主动收集和整理信息。通过参加会议、阅读相关文件、调查研究等方式，不断扩充自己的知识面，加强对方案实施背景和环境的认识。

建立良好的人际关系网络：与不同领域和背景的人建立良好的人际关系网络，扩大自己的社交圈。通过与他人交流和合作，了解不同观点和见解，拓宽自己的视野和思路。这有助于获取更多有价值的信息和资源。

建立信息管理系统：为确保信息的有序管理和高效利用，可以建立一套完善的信息管理系统。将信息进行分类、整理和归档，方便随时查阅和使用。同时，要保持信息的更新和维护，确保信息的准确性和时效性。

注重信息安全与保密：在获取和处理信息时，要时刻关注信息安全与保密问题。严格遵守相关法律法规和道德规范，确保所获取的信息不侵犯他人权益或泄露重要机密。

评估：通过活动验证

通过本活动的学习，你已经了解了如何争取解决问题所需的支持，确保方案能够顺利推进。为了评估这种能力，请你：

1. 根据活动三案例，做一份详细的活动策划方案；
2. 拆解活动准备工作，做好自身工作计划，列举需要争取的其他资源；
3. 制作甘特图，合理规划、控制方案实施进度，确保项目顺利完成。

通过对本活动的学习，你已经获得了争取解决问题所需支持的能力，从而能够确保方案顺利推进。为了进一步评估这种能力，你可以尝试对以下几个问题进行回答和反思：

1. 你是否对所需支持进行了准确的分析？
2. 你是否与其他人建立了有效的联系和合作网络，以争取他们的支持？
3. 你是否制定了切实可行的策略和计划来争取支持，并确保方案的顺利推进？
4. 在实施策略的过程中，你是否能有效跟进方案进展，并根据需要进行一定调整，以确保方案的成功执行？

以上这些步骤可以帮助你全面评估自己争取支持、确保方案顺利推进的能力，同时也为你提供了进一步提升这种能力的空间。

主题综合练习

小张即将大学毕业，他进入一家省外企业实习。然而，他面临着许多新的困扰和不适应。不仅气候、饮食等生活环境的变化让他感到不适应，而且新的工作环境也带来了挑战。他感到自己在专业领域的知识储备不足，同时还面临着人际交往方面的挑战。在新的工作环境中，他需要与同事和上级建立良好合作关系，但由于每个人的性格、背景不同，他的人际交往遇到了一些问题。实习期间，工作压力和时间管理也成为他需要面对的问题。小张感到有些迷茫，他不知道如何快速适应新的工作和生活环境。

请为小张制定一个尽快适应新生活、新工作的方案，并考虑方案有效实施的保障措施。

主题十二　验证方案，改进计划

活动一　确定方法，实施检查

党的二十大报告指出：“必须坚持问题导向。问题是时代的声音，回答并指导解决问题是理论的根本任务。”

问题是否得到解决以及解决的效果如何，有时有很明确的指标，我们能很容易判断，比如，节能减排的问题，要知道措施是否有效，只要看能耗和污染物排放是否下降即可。但现实生活中的很多问题是不能仅仅用数据来说话的，没法使用客观指标来说明问题解决的状态，所以寻找合适的方法检查评估尤为重要。

评估不仅仅是检验结果是否达到预期，更重要的是提供一个反思总结的过程。如每一阶段解决问题的步骤有无可以改进的地方，问题解决的方法是否合适，在此基础上总结经验，提出更佳方案，进而提升自己解决问题的能力。

目标：寻找合适的方法检查评估

通过本活动的学习和训练，你将能够：

1. 掌握不同的检查方法，实施检查评估。
2. 能够对检查结果和过程进行分析评价。
3. 学会在解决特定问题之后，评估每一阶段的步骤和效果，总结经验并提出其他解决思路。

任务：对问题解决的效果进行评估与鉴定

选择恰当的方法，对问题解决效果进行评估，是实施检查的关键。有些问题有明确的判断指标，如食堂营业额下降问题，要知道措施是否有效，只要看营业额是否上升即可。但现实生活中的很多问题，如城市卫生改善问题，不是用一两个数据就能看出来解决与否的，没有固定的方法可以套用，需要具体问题具体分析，检查评估问题的解决状况与解决问题一样，需要对症下药，综合运用各种知识和方法。

我们要坚持问题导向，科学认识，准确把握，选择恰当的方法对问题是否得到解决以及解决的效果进行评估，增强问题意识，聚焦实践遇到的新问题，不断提出真正解决问题的新理念、新思路、新办法。

准备：评估问题解决效果的常用方法

问题解决后，我们应该进行反思和检查。总结的过程就是一个不断反思提高的过程，反思的目标就是检查问题到底解决得怎样。根据评估执行的时间和内容，可以分为两种：一是过程评估，对解决问题的过程进行分析说明，这类评估起始于计划实施，贯穿于计划执行的全过程；二是结果评估，对方案实施后的状态进行评估，主要评估近期目标、中期目标和远期目标实现的情况。本活动中主要讨论问题解决效果，即结果评估，下一活动解释原因时，再讨论过程评估。

一、结果评定法

结果评定法，即根据“问题解决后的状态”来评定问题是否已经得到解决，进而讨论采用的解决方法是不是最为妥当的方法。问题得到解决，且结果让人满意是最重要的。对取得好的结果的过程与方法进行反思，这是从成功中总结经验；反之，对“不好的结果”同样要进行反思，避免再次出错，即从失败中总结教训。

二、专家鉴定法

俗话说“外行看热闹，内行看门道”。外行人往往只能看到事物的一些表象，甚至会被表象所蒙蔽；内行人则可以透过事物表象，发现事物的本质性东西。有些专业性、技术性较强的问题到底解决得怎么样，外行人往往很难作出评估，需找相关的专家来进行评估鉴定，得出一个比较准确、恰当的结论。

三、群众评估法

有些问题的解决是为某一类特定人群服务的。比如，某次培训效果怎么样了？那就只能让参与本次培训的人来进行评价。通常采取调查问卷或者面谈调查、电话调查等方法。使用时应根据心理统计和测量学的要求，按照目标编制问卷和量表，收集最真实可信的问卷量表数据，并进行科学的统计分析。

特别提醒，使用群众评估法时需要严格控制评估过程。例如，采用问卷调查法时，就需要控制调查对象的范围以及数量、问卷的分发及回收等。

收集完所需数据后，需要对数据进行分析说明。此时，需要注意：（1）在解释结果之前，要了解不同方法可能造成的结果差异。（2）用文字或统计图表将结果表示出来。通常，结果的表达形式有表、图、文字三种。图表更便于理解与比较，常用的统计图有直方图、圆形图、散点图等。（3）说明解决问题的效果。检查结果出来之后，就要根据检查结果对解决问题的效果给出结论。这时需要回答的关键问题就是：问题是否真正得到解决？

四、指标考核法

如果在解决问题之前对问题的解决设定了清晰的考核指标，那么在问题解决后就可以根据所设定的指标对结果进行考核，这就是指标考核法。

五、列表提问法

列表提问的方法比较容易操作，适用于一些初级问题的解决结果的检查。

运用列表提问法检查的问题，大致有以下7个方面：

（1）结果检查；

（2）过程检查；

（3）“人”的因素检查；

（4）“财”的因素检查；

（5）“物”的因素检查；

（6）“关键”因素检查；

（7）“环境”因素检查。

实际生活中，每一个问题解决后的效果检查的要求和重点是不一样的，不能完全照搬。只要完成了解决问题前设定目标，就可以了。

六、定性检验方法

（一）焦点问题小组谈话

由一个经过训练的主持人，以一种自然的形式与一个小组的被调查者交谈，组织讨论。其主要目的是获得用户对某个产品或者项目计划实施情况的看法。这种方法是用户体验研究中常用的方法。一个小组一般由2～8人组成，一般需要采访2～4个小组。

（二）深度访谈

通过深入地对被访问者进行访谈来揭示被访问者对某一问题的信念、态度和感情，一般是直接的、一对一的访问。一次深度访谈可能要花上30分钟甚至1个小时以上的时间。在进行访谈时，虽然访谈员事先有一个粗略的提纲，并试图按照提纲来采访，但在问题的具体措辞和顺序上要按照被访者的反应来灵活实施。为了获取有意义的、能揭示内在问题的反应，访谈技术是十分关键的。

访谈提纲一般包括：确定访谈调查目的（为什么谈）；确定访谈员（谁去谈）；确定访谈对象（与谁谈）；确定访谈时间（何时谈）；确定访谈地点（何地谈）；确定访谈种类（怎么谈）；确定访谈记录方式（怎么记）；确定访谈报告方式（怎么写）。

七、定量检验方法

定量检验方法，是用数据说话的检验方法，相对主观指标来说，客观指标在收集方面更为简单。

（1）利用已有数据。如营业额的数据是由公司的某个特定部门定期统计的数据，收集这类数据，你只需要找到合适的部门，经过上级授权即可得。

（2）当没有现成数据可以使用时，可以运用科学的抽样统计方法来获得可以反映情况的客观数据。如对某大学在校大学生肥胖状况进行调查，可通过随机抽样500名学生作为研究对象，填写调查问卷，再进行数据处理，并制作统计图来分析。

（3）运用数据推断。为了说明样本所代表的总体情形，使用代表性样本数据，运用推断统计的方法，可以对总体作出结论和说明。用统计学的方法处理数据，可以使原始数据从难理解变成易理解，并从原始数据的偶然性中揭示出隐藏的某些必然规律，并用文字或统计图表将它们表示出来。

当然，对每一个问题解决过程的评估要求和重点都是不一样的，不能完全照搬。有时，只需要重点评估目标是否达成即可，主要包含的内容：解决目标是什么、问题解决的最终结果是否达到了目标、解决过程是否具有创新性、成本控制如何、解决过程中的团队协作如何、涉及的有关方面是否满意。而且，需要严格控制评估过程。例如，采用问卷调查法时，就需要控制调查对象的范围以及数量、问卷的分发及回收等。

行动：自我反思，场景重现

讲述你近期解决过的相对难忘的一个问题，问题解决得怎么样？用什么方法能够对完成任务的状况进行检查评估？反思自己当时的解决办法是否合适，如果场景重现，你会如何做？

小组内相互点评，老师或每组派代表点评。

评估：案例分析，自我测评

共享经济，如何“共赢”？

扫码共享单车方便出行“最后一公里”，租用共享充电宝“拯救”告急的手机电量……共享经济就在你我身边，带来了便利，也创造了价值。近年来，共享经济和平台经济相互激荡，网约车、外卖等业态提供了大量就业岗位。在互联网等现代信息技术的支持下，分享海量的分散化闲置资源，满足多样化需求的经济活动，共享经济将闲置资源最大化利用，并从中获取回报。“使用而不占有”和“不使用即浪费”两大理念共同催生共享经济，为生产生活注入新活力。

以共享单车、共享充电宝为代表的共享经济蓬勃发展，给居民生活带来便利，也提高了社会资源配置效率。然而，曾经物美价廉的共享服务，如今让不少消费者直呼“用不起”。景区充电宝1小时10元，共享单车一小时6元……随着多个共享经济平台产品宣布涨价，许多网友吐槽已经“高攀不起”了。2018年，各主流品牌共享充电宝每小时租金大多约1元，近年来，收费标准普遍提高到每小时4元，根据计价规则，借用充电宝每小时收费4元，哪怕只超时1分钟，也要按2小时收费。共享充电宝还开启分场景定价模式，在高铁站等交通枢纽以及部分人流量大的景区、酒吧，租金高达每小时6～10元。“逛街随手一充，就要二三十块钱”，“你充它的电，它吸你的血”……连日来，不少人在社交媒体吐槽被共享充电宝“刺痛”的经历。在黑猫投诉上，搜索关键词“充电宝”，相关投诉多达8万多条，被吐槽最多的是充电速度太慢。某网友在社交平台吐槽说：“每次用共享充电宝就怕没地方还，像坐出租车，只要不下车，表就跳个不停。”“共享充电宝涨至4元每小时”词条还一度冲上微博热搜。日前，新华社一则报道发出疑问：共享经济“真香”的味儿为什么变了？

对于共享单车、共享充电宝等产品，最开始价格比较低廉，服务触手可及，手机扫码取用，的的确确很方便。可如今呢？共享充电宝连番涨价，共享单车半小时则收费三五元。这哪里还是“真香”？而是震惊、心疼，有了被“收割”的痛感。

以“共享”谋“共赢”，是共享经济的应有之义，共享消费为何“涨”声一片？共享经济如何与消费者“共赢”，实现可持续发展，引发各界广泛关注。

评估要点：

1. 本案例中，解决问题前设定目标是什么？应选择客观指标还是主观指标？
2. 评估解决此类问题，应采用哪些方法？
3. 设计一份深度访谈的提纲或一份调查问卷。
4. 在调查分析过程中应该注意哪些问题？
5. 如何根据获得的数据解释结果？

活动二 说明结果，解释原因

发明家爱迪生一生有 2 000 多种发明，被誉为“发明大王”。其中最为众人所熟知的就是电灯，他试用了 6 000 多种材料，试验了 7 000 多次，终于有了突破性的进展。正是这无数次的失败，以及不断地改进尝试，才让电灯进入寻常百姓家。所以，解决问题重要的是对这个方案以及实施方案的过程进行评估，总结在解决问题的过程中各个阶段的成功和不足，这比解决问题本身更为重要。

从石器时代到青铜、铁器时代，再到近代的蒸汽时代，一直到现代的电气、信息时代，可以说，人类文明的进步，源于对解决问题的反思与改进，不断改进生产工具，提高生产效率。完成解决方案的实施以后，除了要对解决问题的结果进行评估以确定问题是否得到了解决之外，还需要对这个方案以及实施方案的过程进行评估，并分析解决问题各个阶段的成功和不足。

目标：学会分析结果，探讨原因

通过本活动的学习和训练，你将能够：

1. 选择合适的方法，在问题解决之后对结果进行跟踪分析，并对解决问题的结果进行评估。
2. 回顾解决问题的每个步骤，总结每个阶段的成功和不足。
3. 学会撰写项目总结报告。

任务：对结果及过程进行跟踪分析

一个问题是否真正得到解决，需要根据检查结果给出结论。评估完成之后，并不意味着工作的结束。如果结果不符合预期，你需要知道为什么会这样，还需要采取进一步的行动改进完善。如果问题已经圆满解决，也还需要总结与分析，思考问题解决所使用的方案是不是最佳方案，有没有更好的解决方案，更好的解决方案的效果如何，等等。还需要进一步巩固效果，因为取得预期效果只是开始，一旦效果不能持久，很快你又要重新开始。

准备：如何对结果和过程进行分析

一、对结果进行评价的方法

方法一：收集与结果有关的信息

当一个问题解决后，最终结果怎么样，有没有达到预期目标？有些当即就能知道效果，作出结论；但有些问题得到初步解决后，往往还需要在一定时段进行跟踪，了解是否已经完全解决，才能作出最后的结论。比如，“小区内幼童被狗咬伤”的案例，在问题解决后，结果到底怎么样？孩子有没有及时并按期接种狂犬疫苗，伤口有没有留下明显的疤痕，以及后续的治疗、赔偿等问题，都要等一段时间后才能下结论。

方法二：调查有关人员

很多问题的解决不可避免地牵涉到别的人与事，关系到某一部分人的利益，与此问题相关联的人自然就会作出相应的效果评估。比如，解决职工交通车、电梯拥挤等问题都牵涉到了不少当事人的利益。此类问题的解决结果往往体现为有关人员的满意度。这就需要对有关人员进行调查，看他们对处理问题的结果是否满意。

方法三：求同观察检验

有些问题是在一定的社会条件或者自然条件下出现的，这些问题是否解决了，要放到相同的条件下去检验，才能得出有效的判断。如果不放到同样的特定条件下，往往看不出有什么问题；而一旦到了某种特定的条件下，问题马上就会暴露出来。所以，检验这一类问题是否真正得到了解决，就应当进行求同观察检验。例如，城市内涝问题，在雨季过去后就无法进行检验，只有到了来年雨季来临的时候，才能检验城市内涝问题是否得到解决，进而得出结论。

方法四：运用社会调查

现实中，很多问题无法采用客观指标来反映其解决效果，例如，很多社会问题出现后，当事人采取了应急措施进行解决，但处理的方法是否正确，是否达到了解决问题的目的，往往需要经过一段时间的检验。这种检验，通过社会调查才能反映出来，才能作出客观评价。甚至有些问题的解决，需在时间的长河中经过沉淀后，经过相当长的一段时间才能作出准确的评价。

了解问题解决后的效果，可以运用调查问卷的形式。选择调查对象，收集主要信息，做好信息分析，对问题解决的结果作出评价。

方法五：列表提问评估

这种结果评定鉴定方法的最大优点在于使用方便，有助于我们在日常工作和生活中对解决问题之后的结果进行跟踪与评价。

运用列表提问法进行结果评估时，大致可从以下几个方面展开：

（1）问题解决的初级目标是什么？

（2）问题解决的最终结果是否达到了目标？

（3）问题解决的过程是否具有创新性？

（4）问题解决的成本控制如何？

（5）问题解决中的团队协作如何？

（6）问题解决中涉及的有关方面是否满意？

（7）对该问题解决的总体鉴定意见等。

实际生活中，每一个问题解决后的效果检查的要求和重点是不一样的，可根据解决问题前设定目标适当补充修改。

二、分析解决问题过程的方法

过程评估是对解决问题的过程进行分析说明，这类评估起始于计划实施，贯穿于计划执行的全过程。本部分内容主要针对解决问题的过程进行分析，并撰写总结报告，反思自己做得好的方面和不好的方面，进而总结在解决问题的过程中有没有可以改进的地方，然后说明可能采用的新方法和选择的新方案，预测可能产生的更好效果，并能在此基础上总结经验，进而提升自己解决问题的能力。

过程评估最好在每一个阶段结束时进行，即根据每一个阶段的发展，仔细检查原定计划的执行情况，查找方案中是否存在错误或者考虑不周的情况。

（一）总结解决问题的每个步骤，并解释其原因

可采用列表格的方式将每次执行计划的记录整理出来（见表 12－1），记录清楚是否都按原计划进行。若在执行过程中发生变化，可能是时间、步骤、方法等方面，每一次变动，你都应该在原有的计划表上进行详细记录，并认真分析记录调整计划的原因。同时，在执行计划的过程中，你如果发现原计划不符合实际情况，也需进行相应调整，并详细记录调整方案及其原因。

表 12－1　项目执行情况表

序号	项目内容	执行情况	时间	完成情况	调整情况及原因说明	备注

通常情况下，可将计划调整的原因可归为两大类：

一是主观原因，包括个人经验、性格特征、计划的合理性等；

二是客观原因，包括可用资源、时间、地点、信息、市场大环境等。

（二）解决问题的过程

主要针对整个问题的解决过程，从提出问题到结果评估的反思。可以用下面的方法来对照检查你的每一步：

1. 提出问题阶段

解决问题的前提是理解问题，而理解问题的依据是事实。已经发生的事实是我们要面对的首要问题，虽然在实际工作中难免会预判可能发生的情况，然而即便这些是未曾发生的预测，也一样基于已经发生的事实，因此一切问题基于事实。

首先应明确解决目标是什么。能清晰地陈述定义问题，了解问题的主要来源，在开始思考问题并寻找解决的方案时，你寻找了哪些关于此问题的信息？

2. 选择解决方案阶段

通常任何问题都会有三种以上的解决方案，因为所有事物的发生都是多种原因造成的，当我们分析了导致问题的重点原因，就需要思考几种不同的解决方案。在思考解决方案的时候我们需要考虑“多角度共赢的原则”，多角度即从多个方面来假设，然后通过事

实论证，采用最优方案。

方案是否真正、彻底地解决了该问题？方案是否有可以改进的地方？这个方案是否经济合理？是否满足用户的要求？这个方案安全可靠吗？实施此方案的利与弊……

3. 制订计划阶段

根据问题解决的最终目标，分解形成近期目标、中期目标和远期目标，并依据解决过程中的成本控制、团队协作、涉及的人力物力等因素详细制订行动计划。

有没有考虑到可能发生意外的情况？时间安排是否合理？能否达到预期效果？

4. 执行计划阶段

计划永远赶不上变化，在执行计划的过程中，可能因为主观原因或客观原因不断发生变化。执行计划需要根据实际情况进行灵活调整。

是否有临时变更计划的情况？变更的原因是什么？是否存在监管不力的情况？

行动：总结经验，撰写项目总结报告

通过总结，可以全面系统地了解当下解决问题的情况，检查出自己做得好的方面和不好的方面，明确哪些是应该肯定的，哪些是应该纠正和改进的，从成功中吸取经验，从失败中吸取教训，提出更佳方案，进而提升自己解决问题的能力，以便更好地指导实践。

通常，一份项目总结报告包括以下几部分：

（1）标题。标题要简明扼要，清楚地反映总结报告的主要内容。

（2）摘要。可以放在最前面，也可以放在最后，用来说明你如何处理问题，并简要说明你发现的重要结果，通常 300～500 字就可以了。

（3）介绍问题。介绍问题是什么，为什么这个问题值得去解决，并提供相关背景材料，表述基本问题并讨论、分析，提出解决的思路。

（4）解决方法。具体描述解决问题的方法和步骤，包括涉及的资源、资金和人员。

（5）结果。说明你评估解决问题的方法和结果。

（6）结果讨论。说明结果为什么是这样，是否和预期的一致，说明哪些与预期的符合，哪些不符合。

（7）结论。对整个解决问题的结果作出总结。

（8）经验教训及建议。反思解决问题的各个步骤，说明每个步骤的成效与不足，给出对以后工作的建议。

（9）附注。列出你这份总结报告中参考的所有资料的来源。

项目总结报告内容参考见图 12-1。

评估：效果检验，改进提高

1. 小组成员各自描述自己解决问题最为难忘的成功或失败的例子，叙述解决问题的过程，对解决问题的结果进行评估，并总结其中的成功和不足。

2. 案例分析，撰写项目总结报告。

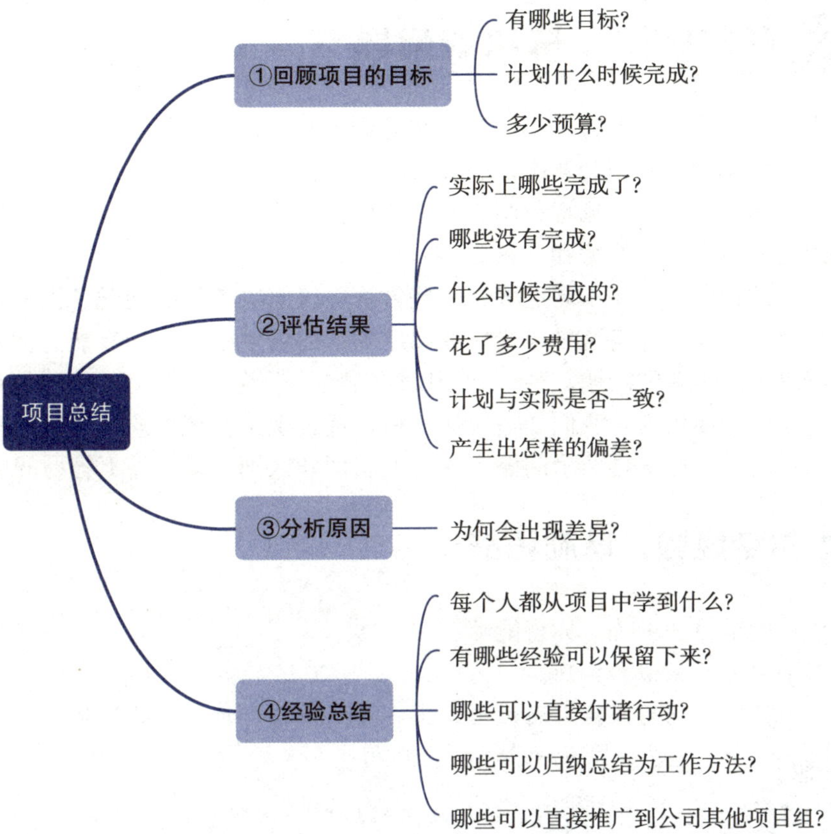

图 12－1　项目总结报告内容参考

高校食堂拥挤问题如何解决

在高校的日常管理中，食堂管理一直是其中一个重要的组成部分。作为确保教学工作正常开展的重要保障，高校食堂的管理水平直接关系到广大师生的生活质量和身体健康，影响着学校的稳定与发展。目前许多学生对食堂满意度并不高，学生不再仅仅在乎饭菜是否可口，更加在乎效率，注重健康。

经调查，在就餐高峰期，选择就餐地点的三个主要因素是排队时间、便利性以及口味，分别占56.76％、42.57％、36.49％，由此我们可得出结论，排队时间的长短以及便利与否对于学生选择食堂有很大的影响。

假设你是某高校食堂的管理者王主任，经过充分调查及建议征集，得到领导批准，实施了新方案，对食堂布局、菜品种类以及供餐时间都进行了相应调整，经过1个月的试运行，学校要对食堂的新方案进行评估。

评估要求：

(1) 选择合适的方法，在问题解决之后对结果进行跟踪分析；

(2) 回顾解决问题的每个步骤，总结每个阶段的成效和不足；

(3) 撰写项目总结报告，提交领导审核。

活动三 利用经验，解决新问题

在日常生活中，智慧表现为：当一个人在遇到了难处、难办的事情时，能及时、迅速地想出办法来合理应对，并圆满解决。著名科学家牛顿说，如果我比别人看得更远，那是因为我站在巨人的肩膀上。可见智慧源于两个方面：一是个人的实践经验；二是大量的书本知识，并使之成为自己的能力和本领。

大部分问题的相同点都比不同点多，一些方法可以解决类似的问题。人们通常能够从过去的事情中获得经验，并将这种经验用在以后类似的场景中，从而有能力面对越来越复杂的环境，解决越来越多的问题。善于利用以往经验，不做重复劳动，是我们每个人的愿景。但是，当新的问题出现，我们如何快速辨析，透过现象发现本质，与以前处理过的此类问题产生联系，敏锐地发现两个问题本质上的相似和区别，却是件不容易的事。

目标：总结经验，以利再战

通过本活动的学习和训练，你将能够：

1. 辨析两个问题的相似和区别。
2. 面对新问题时，利用经验，迅速地想出办法来合理应对，有效解决。

想一想：

美国大发明家爱迪生有一位数学基础相当好的助手叫阿普顿。有一次，爱迪生把一只电灯泡的玻璃壳交给阿普顿，要他计算一下灯泡的容积。阿普顿看着梨形的灯泡壳，思索了好久之后，画出了灯泡壳的剖视图、立体图，画出了一条条复杂的曲线，测量了一个个数据，列出了一道道算式。经过几个小时的紧张计算，还未得出结果。现在请你帮帮他，该怎么计算呢？

任务：如何将新问题转化为已知的旧问题

当新的问题出现时，只有将新问题与以前处理过的旧问题产生联系，才能充分利用已有经验来解题。解决问题时需要对原有知识和经验进行重新组合，并从记忆中提取与问题解决有关的信息，回忆起解决过去问题的知识经验，进一步明确问题情境，理清问题的性质和条件，从而选择有效的问题解决策略。

我们都应不断转化思想，尽可能地将未知解法或难以解决的问题，通过观察、分析、联想、类比等思维过程，选择恰当的方法进行变换，化归为已知知识范围内已经解决或容易解决的问题。

准备：利用知识经验迁移，解决新问题

曹冲称象

有一次，吴国孙权送给曹操一只大象，曹操十分高兴。大象运到许昌那天，曹操带领

文武百官和小儿子曹冲一同去看。

这大象又高又大，光说腿就有大殿的柱子那么粗，人走近去比一比，还够不到它的肚子。曹操对大家说："这只大象真是大，可是到底有多重呢？你们哪个有办法称它一称？"这么大个家伙，可怎么称呢？大臣们都纷纷议论。

一个说："只有造一杆顶大的秤来称。"

而另一个说："这可要造多大一杆秤呀？再说，大象是活的，也没办法称呀！我看只有把它宰了，切成块儿称。"

他的话刚说完，所有的人都哈哈大笑起来。有人说："你这个办法可不行啊，为了称重量，就把大象活活地宰了，不可惜吗？"

大臣们想了许多办法，一个个都行不通。

这时，从人群里走出一个小孩，对曹操说："父亲，我有个法儿，可以称大象。"

曹操一看，正是他最心爱的儿子曹冲，就笑着说："你小小年纪，有什么法子？你倒说说，看有没有道理。"

曹冲趴在曹操耳边，轻声地讲了起来。曹操一听连连叫好，吩咐左右立刻准备称象，然后对大臣们说："走！咱们到河边看称象去！"

众大臣跟随曹操来到河边。河里停着一只大船，曹冲叫人把象牵到船上，等船身稳定了，在船舷上齐水面的地方，刻了一条道道。再叫人把象牵到岸上来，把大大小小的石头，一块一块地往船上装，船身就一点儿一点儿往下沉。等船身沉到刚才刻的那条道道和水面一样齐了，曹冲就叫人停止装石头。

大臣们睁大了眼睛，起先还摸不清是怎么回事，看到这里不由得连声称赞："好办法！好办法！"现在谁都明白，只要把船里的石头都称一下，把重量加起来，就知道大象有多重了。

利用已有经验解决新问题的过程，其实就是一个知识经验迁移的过程，即注意到当前问题与过去问题的相似性，回忆起解决过去问题的知识经验，运用类比策略解决当前问题。

首先，要分析出当前问题与过去问题的相似性，就需要把两个问题放在一起进行比较，这里需引入类比的概念，类比是由此及彼的一种推理方法，它是根据两个（或两类）对象之间在某些方面的相似或相同，从而推出其他方面也可能相似或相同的结论。类比是将过去的经验用于现在情景中最重要的一步，类比意味着要描述问题的相似性。

问题通常呈现出表面特征，同时也具有更抽象的结构特征。很多时候，表面特征和结构特征并不一一对应。类比问题的关键就在于能够指出表面相似，并看到结构相似。

一、表面相似性

表面相似性，就是指原来的问题和后面的问题有相似的内容。一般来说，从表面相似性上获得解决问题的经验，获得解决新的问题的启迪，要侧重于对这种"相似性"的共同特点进行准确的把握。

二、结构相似性

结构相似性也称为关系相似性，是指一个问题中对象间的关系能够对应于另一个问题中对象间的关系；表面特征的匹配让我们可以在一定的水平上去利用相似性，但是，更多的情况下，关键在于结构相似性。

类比问题的关键在于发现其结构相似。例如：面粉与馒头可以类比为米与米饭的关系。类比的过程是先从两种具体的事物中概括出一般的关系，然后再进行类推，把这种抽象的关系推用到对另外两种具体事物的认识上。类比基本形式是：A与B的关系就像C与D的关系。

行动：面对新问题，力求解决

行动1：根据新问题寻找相似的旧问题

在遇到一个新问题时，我们要去寻找有没有一个曾经解决过的相似问题。一旦找到一个问题与现在的问题在某种程度上相似，那么解决原有问题的程序就可以被应用于新问题。

（1）总结问题的原理。当遇到新问题时，通过问题的特征和特征之间的联系，总结这个问题的抽象信息或者原理。

（2）将新问题转化为已知的旧问题。

行动2：调整解决方法，解决新的问题

虽然我们找到了与新问题相似的旧问题，并准备采用旧问题的解决方案，但原来的解决问题程序并不能完全照搬，必须经过调整才能适应新问题。即使两个问题在表面特征和结构特征上都相似，但是也可能因为一些其他因素而不能完全照搬已有的方法，需根据实际情况及以前解决此类问题的经验，从成功中吸取经验，从失败中吸取教训，提出更佳的解决方案。

评估：能否利用经验解决新问题

1. 请小组内的两名同学说出近期学习生活中遇到的相对困难的一个问题，并分别剖析这两个问题的相同点和不同点，小组成员相互评价是否准确恰当。

2. 案例分析，总结提升。

农民工巧解大难题

某大型日化公司引进了一条国外肥皂生产线。这条生产线能将肥皂从原材料的加入直到包装装箱自动完成。但是，意外发生了，销售部门反映有的肥皂盒是空的。于是，这家公司立刻停止了生产线，并与生产线制造商取得联系，但被告知这种情况在设计上是无法避免的。

经理要求工程师们解决这个问题，于是成立一个以几名博士为核心、十几名研究生为骨干的团队。知识类型涉及光学、图像识别、自动化控制、机械设计等门类。在耗费数十万元后，工程师们在生产线上增加一套X光机和高分辨率监视器，当机器对X光图像进行识别后，一条机械臂会自动将空盒从生产线上拿走。

另外一家私营乡镇公司也遇到了同样的情况，老板对管理生产线的农民小工说：你一

定要解决这个问题。于是这个小工花90元买来一台电风扇，摆在生产线旁，另一端放上一个箩筐。装肥皂的盒子逐一在风扇前通过，只要有空盒子便会被吹离生产线，掉在箩筐里，问题得以解决。

要求：

(1) 面对新问题时，首先应当怎么做？

(2) 辨析两个企业面对新问题时，处理的方法有什么不同？是什么导致的？

(3) 面对新问题时，如何利用已有经验，合理应对并有效解决？

主题综合练习

黄金周景区拥堵乱象

每年的“五一”小长假与“十一”黄金周都备受关注，从长假的第一天开始，“堵”就成为各大媒体报道的关键词。路上车多，景区人多，黄金周又熬成了“黄金粥”，高速路成了“停车场”；至于垃圾成堆、随意攀爬、乱涂乱画、打架宰客，更俨然成了各大景区的别样“风景”。

小长假成为中国民众出游高峰期，同时给各地景区接待带来空前压力，景区超负荷运转的现象比比皆是，一些景区甚至发生拥挤、踩踏事故，暴露出越来越多的问题。许多景区出现了大量游客滞留现象，部分游客因不满等候时间过长而情绪激动，翻越栈道，强行拦车，甚至引发冲突事件。

这一现象自然也带来了很多负面的影响。首要影响就是游客的生命财产安全，由于人数太多，超出了景区和周围村镇的最大负荷，造成众多游客没有地方住，没有地方吃，没有交通工具可以乘坐。其次就是影响景区的自然环境和形象，超负荷的游客会带来难以承受的垃圾、噪声等，影响景区以后的运营。

要求：

(1) 为了解决此类问题，应采用哪些方法开展工作？

(2) 为了缓解黄金周景区拥堵乱象，请设计一份深度访谈的提纲或一份调查问卷进行调查。

(3) 在调查分析过程中应该注意哪些问题？

(4) 假设一段时间后，景区拥堵乱象得以缓解，请选择合适的方法，在问题解决之后对结果进行跟踪分析和评估。

参考文献

1. 冯兴东，刘鑫. 数据分析与可视化 [M]. 北京：人民邮电出版社，2023.

2. 国家统计局. 中国统计年鉴：2022 [M]. 北京：中国统计出版社，2022.

3. 国家统计局. 中国统计年鉴：2021 [M]. 北京：中国统计出版社，2021.

4. 国家统计局. 中国统计年鉴：2020 [M]. 北京：中国统计出版社，2020.

5. 国务院第七次全国人口普查领导小组. 2020 年第七次全国人口普查主要数据 [M]. 北京：中国统计出版社，2021.

6. 李永新. 笔杆子是怎样炼成的 [M]. 北京：清华大学出版社，2021.

7. 吴新中，王辉，童隆. 大学生职业素养与职业能力 [M]. 北京：人民交通出版社，2021.

8. 张云生. 大学生职业素养指导 [M]. 北京：北京交通大学出版社，2021.

9. 李华宾，张丽芳. 通用职业素养指导与训练 [M]. 北京：中国人民大学出版社，2020.

10. 张姣飞. 时间管理：超好用的 68 个时间管理技巧 [M]. 北京：中国纺织出版社，2020.

11. 岳海翔. 岳海翔讲透公文写作 [M]. 哈尔滨：哈尔滨出版社，2020.

12. 宋贤钧，周立民. 大学生职业素养训练 [M]. 北京：高等教育出版社，2020.

13. 安东尼・塞尔登，奥拉迪梅吉・阿比多耶. 第四次教育革命：人工智能如何改变教育 [M]. 吕晓志，译. 北京：机械工业出版社，2019.

14. 张觅音. 激活团队 [M]. 北京：台海出版社，2019.

15. 黄卫华. 华为铁军：重磅揭秘华为内部核心工作和管理法则 [M]. 南京：江苏凤凰文艺出版社，2018.

16. 胡森林，马振凯. 公文高手的自我修养 [M]. 北京：北方文艺出版社，2016.

17. 庄明科，谢伟. 大学生职业素养提升 [M]. 北京：高等教育出版社，2016.

18. 史秋衡，汪雅霜. 大学生学习情况调查研究 [M]. 北京：教育科学出版社，2015.

19. 边明伟. 职业规划与人生 [M]. 北京：中国水利水电出版社，2015.

20. 赵慧娟. 大学生职业生涯规划 [M]. 北京：北京大学出版社，2014.

21. 王悦. 向职场出发：大学生职业素质培训启蒙 [M]. 北京：航空工业出版社，2013.

22. 程刚. 现代大学生的素质培养与能力提升 [M]. 北京：高等教育出版社，2013.

23. 人力资源和社会保障部职业技能鉴定中心组. 解决问题能力训练手册 [M]. 北京：人民出版社，2011.

24. 王言根. 学会学习：大学生学习引论 [M]. 北京：教育科学出版社，2003.

25. 钟祖荣. 学习指导的理论与实践 [M]. 北京：教育科学出版社，2001.

26. 赵玮，徐帅. 面向职业教育本科数据分析人才培养的课程改革研究 [J]. 科教文汇，2023（20）.

27. 陈子昂. 基于职业能力导向的 Excel 数据分析活页教材开发实践 [J]. 湖南邮电职业

技术学院学报，2023，22（2）.

28. 黄洛宁. 关于大数据在职业教育中的应用与前景展望分析［J］. 教育现代化，2019，6（63）.

29. 王婷婷. 大数据技术在职业教育信息化中的应用研究［J］. 办公自动化，2023，28（2）.

30. 张玲玲. 格式塔团体心理辅导对大学生学校适应的影响［J］. 医学与社会，2020.

31. 任来青. 提升公文写作能力的“四要诀”［J］. 应用写作，2023（1）.

32. 郭保杰. 公文写作中几组常见别字辨析［J］. 应用写作，2023（3）.

33. 李尧. 公文写作常见错误及对策探讨［J］. 办公室业务，2022（21）.

34. 刘亲荣，姚欣. 网络时代大学生说写沟通能力培养研究［J］. 文学教育（上），2020（12）.

35. 梁淑辉. 高校应用文写作教学的问题及对策研究［J］. 科技资讯，2022，20（20）.

36. 周艺灵. 事例与案例在“应用写作”教学中的运用［J］. 牡丹江大学学报，2019（12）.

37. 刘大军. 从知识习得到知识创造：论大学生学习方式的嬗变［J］. 高教探索，2015（2）.

38. 陈梦迁，彭希林. 智慧教育视角下大学生学习能力重构［J］. 高等教育研究，2020，41（7）.

39. 联合国教科文组织. 教育：财富蕴藏其中［M］. 北京：教育科学出版社，2001.

40. 白文金. 大学生学习拖延与时间管理倾向的关系及其干预研究：以云南师范大学学生为例［D］. 昆明：云南师范大学，2020.

41. 桑雷. 高职学生职业核心素养及其培养研究［D］. 南京：南京师范大学，2020.

图书在版编目（CIP）数据

大学生职业素养教育/邬琰，王菊主编. -- 北京：中国人民大学出版社，2025. 1. --（新编 21 世纪高等职业教育精品教材）. -- ISBN 978-7-300-32996-3

Ⅰ. G717. 38

中国国家版本馆 CIP 数据核字第 20244GV244 号

新编 21 世纪高等职业教育精品教材·通识课系列

大学生职业素养教育

主　编　邬　琰　王　菊

副主编　李文志　董璐佳

参　编　张　玉　陈武强　王智慧　霍冬芳　李金龙

Daxuesheng Zhiye Suyang Jiaoyu

出版发行	中国人民大学出版社		
社　　址	北京中关村大街 31 号	邮政编码	100080
电　　话	010－62511242（总编室）		010－62511770（质管部）
	010－82501766（邮购部）		010－62514148（门市部）
	010－62515195（发行公司）		010－62515275（盗版举报）
网　　址	http://www. crup. com. cn		
经　　销	新华书店		
印　　刷	北京密兴印刷有限公司		
开　　本	787 mm×1092 mm　1/16	版　　次	2025 年 1 月第 1 版
印　　张	8. 75	印　　次	2025 年 1 月第 1 次印刷
字　　数	204 000	定　　价	29. 00 元
